ŒUVRES COMPLÈTES

DE

SIR WALTER SCOTT.

Traduction Nouvelle.

PARIS,

CHARLES GOSSELIN ET A. SAUTELET ET Cᵒ

LIBRAIRES-ÉDITEURS.

M DCCC XXX.

H. FOURNIER IMPRIMEUR.

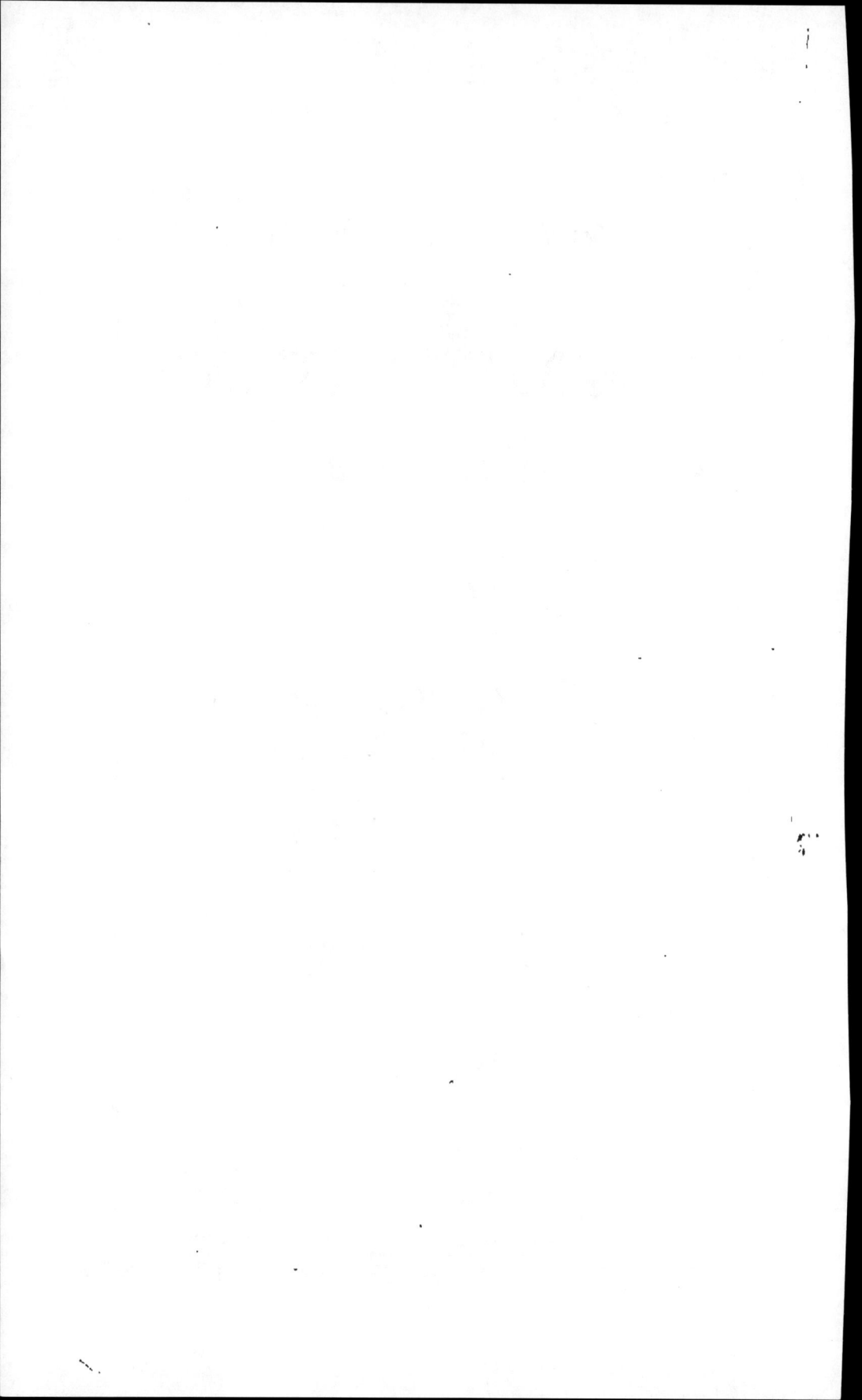

ŒUVRES COMPLÈTES

DE

SIR WALTER SCOTT.

TOME SOIXANTE-DIX-HUITIÈME.

IMPRIMERIE DE H. FOURNIER,

RUE DE SEINE, N° 14.

CHARLES

LE TÉMÉRAIRE,

ou

ANNE DE GEIERSTEIN

LA FILLE DU BROUILLARD.

———

(Anne of Geierstein or the maiden of the mist.)

———

TOME SECOND.

CHARLES
LE TÉMÉRAIRE,
ou
ANNE DE GEIERSTEIN
LA FILLE DU BROUILLARD.

(𝕬nne of 𝕲eierstein or the maiden of the mist.)

———

CHAPITRE XI.

RÉCIT DE DONNERHUGEL.

— « L'adepte, en sa doctrine,
« Nous peint les élémens peuplés d'esprits divers.
« Le Sylphe, fils du ciel, voltige dans les airs ;
« Le Gnome vit caché dans les grottes profondes ;
« La Naïade construit son palais dans les ondes ;
« Et le feu si terrible, élément destructeur,
« Est pour la Salamandre un séjour de bonheur. »

ANONYME.

« JE vous ai déjà informé, dit Rodolphe à Arthur, que les barons d'Arnheim, quoique s'occupant de père en fils d'études secrètes, étaient pourtant, comme les au-

tres nobles allemands, belliqueux et amateurs de la
chasse. Tel était particulièrement le caractère d'Herman
d'Arnheim, aïeul maternel d'Anne de Geierstein, qui se
faisait gloire d'avoir un superbe haras, et possédait le
plus noble coursier qu'on eût jamais vu dans les Cercles
de l'Allemagne. Je renonce à vous faire la description
d'un tel animal; je me bornerai à dire qu'il était noir
comme le jais, sans un seul poil blanc sur la tête ni à
ses pieds. Pour cette raison, et attendu son caractère
fougueux, son maître l'avait nommé Apollyon, ce qu'on
regardait en secret comme tendant à confirmer les mauvais bruits qui couraient sur la maison d'Arnheim,
puisque le baron, disait-on, donnait à son cheval favori
le nom d'un démon.

Il arriva, un jour de novembre, que le baron était
allé chasser dans la forêt, et qu'il ne rentra chez lui
qu'après la nuit venue. Il ne se trouvait aucun étranger
au château, car, comme je vous l'ai donné à entendre,
les barons n'y recevaient guère que ceux dont ils pouvaient espérer d'obtenir de nouvelles connaissances. Le
baron était seul, assis dans son salon, éclairé par des
torches et des lampes. D'une main il tenait un livre
dont les caractères auraient été inintelligibles pour tout
autre que lui; l'autre était appuyée sur une table de
marbre, sur laquelle était placé un flacon de vin de To-
kai. Un page était placé dans une attitude respectueuse
au fond de cette grande salle, où il ne régnait qu'un
demi-jour, et l'on n'entendait d'autre son que celui du
vent de la nuit, qui semblait soupirer sur un ton lugubre

en passant à travers les cottes-de-mailles rouillées et les bannières en lambeaux, tapisserie guerrière de cet appartement féodal. Tout à coup on entendit quelqu'un monter l'escalier à la hâte et comme en tremblant; la porte s'ouvrit avec violence, et, l'effroi peint sur tous ses traits, Gaspard, chef des écuries du baron, ou son grand-écuyer, accourut vers la table devant laquelle son maître était assis, en s'écriant:

—Monseigneur! monseigneur! il y a un diable dans l'écurie

—Q te signifie cette folie? demanda le baron en se levant, surpris et mécontent d'être interrompu d'une manière si inusitée.

— Je me soumets à tout votre déplaisir, dit Gaspard, si je ne vous dis pas la vérité. Apollyon...

Il s'interrompit un instant.

—Parle donc, fou que tu es! s'écria le baron; la frayeur te fait-elle perdre la tête? — Mon cheval est-il malade? lui est-il arrivé quelque accident?

Tout ce que put faire le grand-écuyer, fut de répéter:
—Apollyon!

—Eh bien! dit le baron, quand Apollyon lui-même serait ici en personne, il n'y aurait pas de quoi effrayer un homme brave.

—Le diable est à côté d'Apollyon, s'écria le chef des écuries.

—Fou! s'écria le baron en saisissant une torche; qui peut t'avoir tourné l'esprit? Des gens comme toi, nés pour nous servir, devraient avoir plus d'empire sur leur tête, par égard pour nous, si ce n'est pour eux-mêmes.

Tout en parlant ainsi, il traversa la cour du château pour se rendre dans ses écuries, qui en occupaient toute l'extrémité inférieure, et où cinquante beaux coursiers étaient rangés des deux côtés. Près de chacun d'eux étaient placées les armes offensives et défensives d'un homme d'armes, aussi brillantes et en aussi bon état qu'il était possible, et la cotte de buffle qui formait le vêtement de dessous du soldat. Le baron y entra avec deux domestiques qui l'avaient suivi, étonnés de cette alarme extraordinaire. Il marcha à grands pas entre ces deux rangs de chevaux, et s'approcha de son coursier favori, qui était à l'autre extrémité de l'écurie, du côté droit. L'animal ne hennit point, ne secoua point la tête, ne battit pas du pied, enfin ne donna aucun de ces signes par lesquels il avait coutume de témoigner sa joie quand il voyait arriver son maître. Il ne parut le reconnaître que par une sorte de gémissement qui semblait implorer son assistance.

Herman leva sa torche, et vit un grand homme qui avait la main appuyée sur l'épaule du cheval.

—Qui es-tu? que fais-tu ici? lui demanda le baron.

—Je cherche refuge et hospitalité, répondit l'étranger, et je te le demande par l'épaule de ton cheval, et par le tranchant de ton épée; et puissent-ils ne jamais te manquer au besoin!

—Tu es donc un frère du Feu Sacré? dit le baron d'Arnheim. Je ne puis te refuser ce que tu me demandes d'après les rites des Mages persans. Contre qui et pour combien de temps me demandes-tu ma protection?

— Contre ceux qui viendront me chercher avant que le coq chante, répondit l'étranger, et pour l'espace de temps d'un an et un jour à compter de ce moment.

— Mon serment et mon honneur ne me permettent pas de te refuser. Je te protégerai donc un an et un jour; ta tête aura l'abri de mon toit, tu t'assiéras à ma table et tu boiras de mon vin. Mais toi aussi, tu dois obéir aux lois de Zoroastre. De même qu'il dit : « Que le plus fort protège le plus faible, » il est dit aussi : « Que le plus sage instruise celui qui a moins de connaissances. » Je suis le plus fort, et tu seras en sûreté sous ma protection; mais tu es le plus sage, et tu dois m'instruire dans les plus secrets mystères.

— Vous voulez vous amuser aux dépens de votre serviteur; mais si Dannischemend sait quelque chose qui puisse être utile à Herman, ses instructions seront pour lui comme celles d'un père pour son fils.

— Sors donc de ta place de refuge. Je te jure par le Feu Sacré, qui vit sans alimens terrestres, par la fraternité qui existe entre nous, par l'épaule de mon cheval, et par le tranchant de mon épée, que je garantirai ta sûreté pendant un an et un jour, autant que mon pouvoir y suffira.

L'étranger sortit de l'écurie, et ceux qui virent son extérieur singulier ne furent pas très-surpris que Gaspard eût été effrayé en le trouvant dans l'écurie sans savoir comment il avait pu s'y introduire. Quand il fut entré dans le salon, où le baron le conduisit, comme il y aurait conduit un hôte respectable accueilli avec plaisir, la clarté des torches fit voir que c'était un homme de grande taille et ayant un air de dignité. Il portait le costume asiatique, c'est-à-dire un caftan, ou longue robe noire, semblable à celle que portent les Arméniens, et un grand bonnet carré, couvert de la laine noire des moutons d'Astracan. Tout ce qui composait ses vêtemens était noir, ce qui faisait ressortir une longue barbe blanche qui lui tombait sur la poitrine. Sa robe était retenue autour de sa taille par une ceinture en filet de soie noire, dans laquelle, au lieu de poignard et de cimeterre, étaient passés un étui d'argent et un rouleau de parchemin. Le seul ornement qu'il portât, était un rubis d'une grosseur peu commune, et dont l'éclat était tel que, lorsque la lumière le frappait, il semblait darder les rayons qu'il ne faisait que réfléchir. Le baron lui offrit alors des rafraîchissemens, mais l'étranger lui répondit :

—Je ne puis rompre le pain, ni faire passer une goutte d'eau entre mes lèvres, jusqu'à ce que le vengeur soit arrivé devant votre porte.

Le baron donna ordre qu'on remît de l'huile dans les lampes, et qu'on allumât de nouvelles torches; il dit à tous ses gens d'aller se reposer, et resta seul avec l'étranger. A minuit, les portes du château furent ébranlées comme par un ouragan, et l'on entendit une voix, comme celle d'un héraut, demander qu'on lui remît son prisonnier, Dannischemend, fils d'Ali. Le gardien de

la porte entendit alors ouvrir une fenêtre, et reconnut
la voix de son maître parlant à la personne qui venait
faire cette sommation. Mais la nuit était si obscure qu'il
ne put voir aucun des interlocuteurs, et la langue
qu'ils parlaient lui était inconnue, ou du moins leurs
discours étaient mêlés de tant de mots étrangers, qu'il
ne put en comprendre une syllabe. Cinq minutes s'é-
taient à peine écoulées quand celui qui était dehors
éleva de nouveau la voix, et dit en allemand : — J'ajourne
donc l'exercice de mes droits à un an et un jour ; mais
quand je reviendrai à cette époque, ce sera pour exiger
ce qui m'est dû, et ce qui m'est dû ne me sera plus refusé.

Depuis ce moment, le Persan Dannischemend resta
constamment au château d'Arnheim, et jamais, pour
quelque motif que ce fût, il n'en passa le pont-levis.
Ses amusemens ou ses travaux semblaient concentrés
dans la bibliothèque et dans le laboratoire, où le baron
travaillait souvent avec lui plusieurs heures de suite.
Les habitans du château ne trouvaient aucun reproche
à faire au Mage ou Persan, si ce n'est qu'il semblait se
dispenser de tout exercice de religion, puisqu'il n'allait
ni à la messe, ni à confesse, et qu'il n'assistait à aucune cérémonie religieuse. Le chapelain, à la vérité, se
disait satisfait de l'état de la conscience de l'étranger ;
mais on soupçonnait depuis long-temps que le digne
ecclésiastique n'avait obtenu une place qui n'était pas
très-pénible, qu'à la condition fort raisonnable qu'il ap-
prouverait les principes de tous ceux à qui il plairait au

baron d'accorder l'hospitalité, et qu'il les déclarerait orthodoxes.

On remarqua pourtant que Dannischemend était fort exact dans la pratique de sa dévotion privée. Il ne manquait jamais de se prosterner au premier rayon du soleil levant, et il avait fabriqué une lampe en argent, des plus belles proportions, qu'il plaça sur un piédestal de marbre, en forme de colonne tronquée, et sur la base duquel il avait sculpté des hiéroglyphes. Personne, à l'exception peut-être du baron, ne savait avec quelles essences il alimentait la flamme de cette lampe; mais elle était plus pure, plus brillante qu'aucune lumière qu'on eût jamais vue, excepté celle du soleil; et l'on croyait généralement qu'elle était l'objet du culte secret de Dannischemend, en l'absence de cet astre glorieux. Ce qu'on observa en lui encore, fut que ses mœurs paraissaient sévères, sa gravité extrême, sa manière de vivre dictée par la tempérance, et ses jeûnes très-fréquens. Si ce n'est en quelques occasions particulières, il ne parlait jamais qu'au baron, mais, comme il ne manquait pas d'argent, et qu'il était libéral, il était regardé par les domestiques avec respect, mais sans crainte et sans éloignement.

Le printemps succéda à l'hiver, l'été fit naître ses fleurs, l'automne produisit ses fruits, et ils commençaient à mûrir et à tomber, quand un page qui accompagnait quelquefois son maître dans le laboratoire, entendit le Persan dire au baron d'Arnheim :

— Vous ferez bien, mon fils, de faire attention à mes

paroles, car les leçons que je vous donne tirent à leur fin, et nul pouvoir sur la terre ne peut retarder plus long-temps mon destin.

— Hélas! mon maître! dit le baron, faut-il donc que je perde l'avantage de vos leçons, quand votre main habile me devient nécessaire pour me placer sur le pinacle du temple de la Sagesse!

— Ne vous découragez pas, mon fils, répondit le sage; je léguerai à ma fille le soin de vous perfectionner dans vos études, et elle viendra ici dans ce dessein. Mais souvenez-vous que, si vous voulez voir se perpétuer votre nom, vous ne devez la regarder que comme une aide dans vos études. Si la beauté d'une jeune fille vous fait oublier qu'elle ne doit que vous instruire, vous serez enterré avec votre épée et votre bouclier, comme le dernier descendant mâle de votre maison, et, croyez-moi, d'autres maux en résulteront; car de telles alliances n'ont jamais un résultat heureux. J'en offre en ma personne un exemple. — Mais silence! on nous observe.

Tous ceux qui composaient la maison du baron d'Arnheim n'ayant que peu d'objets de réflexions, n'en observaient que plus attentivement tout ce qui se passait sous leurs yeux. Lorsqu'ils virent approcher l'époque à laquelle le Persan devait cesser de trouver un abri au château, les uns en sortirent sous divers prétextes, suggérés par la terreur, les autres s'attendirent en tremblant à quelque catastrophe terrible. Rien de semblable ne survint pourtant, car lorsque le jour en fut arrivé, et long-temps avant l'heure redoutable de minuit, Dannischemend termina son séjour dans le château d'Arnheim, en sortant à cheval, comme un voyageur ordinaire. Le baron, son élève, avait pris congé de lui avec beaucoup de marques de regret et même de chagrin. Le sage persan le consola en lui parlant assez long-temps à voix basse, mais on entendit cette dernière phrase :

— Elle sera près de vous au premier rayon du soleil. Ayez pour elle de l'affection, mais ne la portez pas trop loin.

A ces mots, il partit, et jamais on ne le revit; jamais on n'en entendit parler dans les environs du château d'Arnheim.

Pendant toute la journée qui suivit le départ de l'étranger, on remarqua sur les traits du baron une mélancolie particulière. Contre son usage, il resta dans le grand salon, et n'entra ni dans la bibliothèque, ni dans le laboratoire, où il ne pouvait plus jouir de la compagnie de son maître. Le lendemain matin, au point du jour, il appela son page; et quoiqu'il fût ordinairement peu soigneux de son costume, il y apporta le plus grand soin. Comme il était dans le printemps de la vie, et qu'il avait l'air noble et distingué, il eut tout lieu d'être satisfait de son extérieur. Ayant fini sa toilette, il attendit que le disque du soleil se montrât au-dessus de l'horizon, et prenant alors sur la table la clef du laboratoire, que le page croyait y être restée toute la nuit, il s'y rendit, suivi de ce serviteur.

Le baron s'arrêta à la porte, et sembla réfléchir un

instant s'il devait renvoyer son page; puis hésiter à ouvrir la porte, comme aurait pu le faire quelqu'un qui se serait attendu à voir quelque chose d'étrange. Enfin, s'armant de résolution, il fit tourner la clef dans la serrure, ouvrit la porte, et entra. Le page suivit les pas de son seigneur, et fut saisi d'une surprise qui allait jusqu'à l'effroi, en voyant un objet qui, quoique extraordinaire, n'avait pourtant rien que d'aimable et de flatteur à la vue.

La lampe d'argent n'était plus sur son piédestal, et l'on y voyait figurer en place une jeune et belle femme, portant le costume persan, et dont le cramoisi était la couleur dominante. Elle ne portait ni turban, ni aucune autre espèce de coiffure; ses cheveux, d'un châtain clair, n'étaient retenus que par un ruban bleu, attaché au-dessus du front par une agrafe d'or dans laquelle était enchâssée une superbe opale qui, parmi les couleurs changeantes particulières à cette pierre, faisait jaillir une légère teinte de rouge qu'on aurait prise pour une étincelle de feu.

Cette jeune personne était à peine de moyenne taille, mais parfaitement formée. Le costume oriental, avec les larges pantalons noués à la cheville, laissait voir les plus jolis petits pieds qu'on pût se figurer; et sous les plis de sa robe on apercevait des bras et des mains d'une symétrie parfaite; sa physionomie avait de la vivacité et de l'expression. L'intelligence et l'esprit paraissaient y dominer; et son œil vif et noir, avec ses sourcils bien arqués, semblaient un présage des remarques malicieuses que ses lèvres de roses, souriant à demi, paraissaient prêtes à faire entendre.

Le piédestal sur lequel elle était debout, et en quelque sorte perchée, aurait paru une base peu sûre pour une personne d'un poids plus considérable ; mais, de quelque manière qu'elle y eût été transportée, elle semblait y reposer aussi légèrement et avec la même sécurité qu'une linote qui vient de descendre du haut des airs sur la branche flexible d'un rosier. Le premier rayon du soleil levant, pénétrant à travers une croisée qui était précisément en face du piédestal, ajoutait à l'effet de cette belle statue vivante, qui restait aussi immobile que si elle eût été de marbre. Elle ne montra qu'elle s'apercevait de la présence du baron que par les mouvemens plus fréquens de sa respiration, accompagnée d'une vive rougeur et d'un léger sourire.

Quelque raison que pût avoir le baron d'Arnheim pour s'attendre à voir quelque objet de la nature de celui qui frappait ses yeux, les charmes dont cette jeune personne était ornée surpassaient tellement son attente, qu'il resta un moment immobile et pouvant à peine respirer. Cependant, il parut se rappeler tout à coup qu'il était de son devoir de faire un accueil hospitalier à la belle étrangère qui arrivait dans son château, et de la tirer de la situation précaire qu'elle occupait. Il s'avança donc vers elle, les lèvres prêtes à prononcer qu'elle était la bien-venue chez lui, et les bras étendus pour la faire descendre du piédestal qui avait plus de cinq pieds de hauteur ; mais la vive et agile étrangère n'accepta que le secours de la main du baron, et sauta sur le plancher aussi légèrement et sans se faire plus de mal que si elle eût été un être aérien. Ce ne fut que par la pression momentanée de sa petite main, que le baron d'Arnheim put s'apercevoir que c'était un être de chair et de sang qui le touchait.

— Je suis venue comme j'en ai reçu l'ordre, dit-elle en jetant un regard autour d'elle. Vous devez vous attendre à trouver en moi une maîtresse exacte, et j'espère que vous me ferez honneur en vous montrant un disciple laborieux et attentif.

Après l'arrivée de cet être singulier et charmant au château d'Arnheim, divers changemens eurent lieu dans l'intérieur de la maison. Une dame de haut rang et de peu de fortune, veuve respectable d'un comte de l'Empire, qui était parente du baron, accepta l'invitation que lui fit celui-ci de venir présider aux affaires domestiques de son parent, et d'écarter par sa présence les soupçons injurieux auxquels aurait pu donner lieu le séjour d'Hermione : c'était le nom de la belle Persane.

La comtesse Waldstetten portait la complaisance au point d'être presque toujours présente quand le baron d'Arnheim recevait des leçons de la jeune et belle maîtresse qui avait été substituée d'une manière si étrange au vieux Mage, et quand il étudiait avec elle, soit dans la bibliothèque, soit dans le laboratoire. Si l'on peut ajouter foi au rapport de cette dame, leurs travaux étaient d'une nature très-extraordinaire, et ils produisaient quelquefois des effets qui lui causaient autant de crainte que de surprise; mais elle soutint toujours fermement qu'ils ne s'occupaient jamais de sciences illicites, et qu'ils se renfermaient dans les bornes des connaissances permises à la nature humaine.

Un meilleur juge en pareilles matières, l'évêque de Bamberg lui-même, fit une visite au château d'Arnheim, afin de pouvoir juger de la science d'une femme qui faisait tant de bruit dans toutes les contrées arrosées par le Rhin. Il eut un entretien avec Hermione, et il la trouva profondément pénétrée des vérités de la religion. Elle en connaissait si bien tous les dogmes, qu'il dit que c'était un docteur en théologie, portant le costume d'une danseuse de l'Orient. Quand on lui demanda ce qu'il pensait des connaissances qu'elle avait acquises dans les langues et dans les sciences, il répondit qu'il avait été à Arnheim pour juger de la vérité de tout ce qu'il avait entendu dire à ce sujet, et qui lui avait paru exagéré; mais qu'en en revenant il devait avouer qu'on ne lui en avait pas encore dit assez de moitié.

D'après ce témoignage irrécusable, les bruits sinistres auxquels avait donné lieu l'arrivée extraordinaire de la belle étrangère finirent par cesser d'avoir cours, d'autant plus que ses manières aimables forçaient tous ceux qui s'approchaient d'elle à lui accorder leur affection.

Cependant un grand changement commença à se faire remarquer dans les entrevues de l'aimable maîtresse et de son élève. Elles avaient toujours lieu avec la même réserve, et jamais, autant qu'on pouvait le savoir, sans que la comtesse de Waldstetten ou quelque

autre personne respectable y fût présente. Mais le lieu
de ces entrevues n'était plus exclusivement la bibliothèque ou le laboratoire; on cherchait des amusemens
dans les jardins et les bosquets; on faisait des parties
de chasse et de pêche; on passait les soirées à danser;
et tout cela semblait annoncer que l'étude des sciences
cédait en ce moment à l'attrait du plaisir. Il n'était pas
difficile de deviner ce que signifiait ce changement,
quoique le baron d'Arnheim et la belle étrangère pussent
s'entretenir en une langue que personne ne comprenait,
et par conséquent avoir des entretiens particuliers au
milieu du tumulte des plaisirs qui les entouraient, et
personne ne fut surpris quand, au bout de quelques
semaines, il fut formellement annoncé que la belle Persane allait devenir baronne d'Arnheim.

Les manières de cette jeune personne étaient si sé-
duisantes et si aimables, sa conversation si animée, son
esprit si brillant, mais plein de douceur et de modestie,
que, quoique son origine fût inconnue, sa bonne fortune excita moins d'envie qu'on n'aurait pu s'y attendre
dans un cas si singulier. Par-dessus tout sa générosité
étonnait généralement et lui gagnait les cœurs de toutes
les jeunes personnes qui approchaient d'elle. Sa richesse
paraissait sans bornes, et elle distribua tant de bijoux à
ses belles amies, qu'on ne concevait pas qu'il lui restât
assez de joyaux pour se parer. Ses bonnes qualités, sa
libéralité surtout, la simplicité de son caractère, formant un beau contraste avec la profondeur des connaissances qu'on savait qu'elle possédait, enfin l'absence

complète de toute ostentation, faisaient que ses compagnes lui pardonnaient sa supériorité. On remarquait pourtant en elle quelques singularités, peut-être exagérées par l'envie, qui semblait tirer une ligne de séparation entre la belle Hermione et les simples mortelles parmi lesquelles elle vivait.

Dans la danse, elle était sans rivale pour la légèreté et l'agilité, et l'on aurait pu la prendre pour un être aérien. Elle pouvait se livrer à ce plaisir, sans paraître éprouver la plus légère fatigue, au point de lasser le danseur le plus intrépide. Le jeune duc de Hochspringen, qui passait dans toute l'Allemagne pour être infatigable, ayant dansé avec elle une demi-heure, fut obligé d'interrompre la danse, et se jeta sur un sofa, complètement épuisé, en disant qu'il venait de danser non avec une femme, mais avec un feu-follet.

On disait aussi tout bas que, lorsqu'elle jouait dans le labyrinthe ou dans les bosquets du jardin, avec ses jeunes amies, à des jeux qui exigeaient de l'agilité, elle devenait animée de cette légèreté surnaturelle dont elle paraissait inspirée en dansant. A l'instant où elle était au milieu de ses jeunes compagnes, on la voyait disparaître et franchir les haies, les treillages, les barrières, avec une telle rapidité, que l'œil le plus attentif ne pouvait découvrir de quelle manière elle se trouvait de l'autre côté; et quand on la croyait bien loin derrière quelque barricade, ceux qui la regardaient la retrouvaient près d'eux l'instant d'après.

Dans de pareils momens, quand ses yeux étincelaient,

que ses joues devenaient plus vermeilles, et que tout
son extérieur était animé, on prétendait que l'opale
enchâssée dans l'agrafe qui attachait le ruban bleu re-
tenant sa belle chevelure, ornement qu'elle ne quittait
jamais, lançait avec plus de vivacité l'espèce d'étincelle
ou de langue de feu qui en sortait toujours. De même,
si le soir, dans le salon, la conversation d'Hermione
devenait plus animée que de coutume, on croyait voir
cette pierre devenir plus brillante, et faire jaillir un
rayon de lumière qu'elle produisait d'elle-même, et
sans qu'il fût, comme c'est d'ordinaire, réfléchi par
un autre corps lumineux. Ses suivantes disaient aussi
que lorsque leur maîtresse éprouvait un mouvement
passager de colère, seul défaut qu'on ait jamais remarqué en elle, on voyait un éclat d'un rouge vif jaillir
de ce joyau mystérieux, comme s'il eût partagé les
émotions de celle qui le portait. Les femmes qui l'ai-
daient à sa toilette assuraient en outre qu'elle ne quittait
jamais ce bijou que pour quelques instans, pendant
qu'on lui arrangeait les cheveux ; que pendant ce temps
elle gardait le silence et avait l'air plus pensif que de
coutume, et que surtout elle témoignait de la crainte
quand on en approchait un liquide quelconque. On remarqua même que, lorsqu'elle prenait de l'eau bénite
à la porte de l'église, elle ne portait jamais la main à
son front pour faire le signe de la croix, de peur,
comme on le supposait, qu'une goutte d'eau ne touchât
un joyau dont elle faisait tant de cas.

Ces bruits singuliers n'empêchèrent pas le mariage

2.

du baron d'Arnheim d'avoir lieu. Il fut célébré avec
toutes les formes d'usage, et le jeune couple parut commencer une vie de bonheur, telle que la terre en présente rarement. Au bout de douze mois l'aimable
baronne accoucha d'une fille, à qui l'on résolut de
donner le nom de Sibylle, qui était celui de la mère
du baron d'Arnheim. Mais comme la santé de l'enfant
était excellente, on retarda la cérémonie jusqu'à ce
que la mère fût en état d'y assister. Des invitations
furent faites dans tous les environs, et le château à cette
époque se trouva rempli d'une compagnie nombreuse.

Parmi les personnes qui y avaient été invitées, était
une vieille dame, connue pour jouer dans la société le
rôle que les ménestrels, dans leurs contes, assignent à
une fée méchante. C'était la baronne de Steinfeldt,
fameuse dans tous les environs pour sa curiosité insatiable, et par son orgueil insolent. Elle avait à peine
passé quelques jours dans le château, que déjà, à l'aide
d'une suivante chargée de chercher des alimens à sa
curiosité, elle savait tout ce que l'on savait, tout ce
qu'on disait, tout ce qu'on soupçonnait relativement à
la baronne Hermione. Le matin du jour fixé pour le
baptême, tandis que toute la compagnie était réunie
dans le salon, et n'attendait plus que la maîtresse de la
maison pour se rendre dans la chapelle, il s'éleva entre
la dame à humeur aigre et hautaine dont nous venons
de parler, et la comtesse Waldstetten, une violente querelle sur un droit de préséance qu'elles se disputaient.
Le baron d'Arnheim, choisi pour arbitre, prononça

en faveur de la comtesse. Madame de Steinfeldt ordonna sur-le-champ qu'on lui amenât son palefroi, et que toute sa suite montât à cheval.

— Je quitte un château dans lequel une bonne chrétienne n'aurait jamais dû entrer, s'écria-t-elle. Je quitte une maison dont le maître est un sorcier ; la maîtresse un démon qui n'ose se mouiller le front d'eau bénite, et la dame de compagnie une femme qui, pour un vil intérêt, a joué le rôle d'entremetteuse entre un magicien et un diable incarné.

Elle partit sur-le-champ, la rage peinte sur la figure, et le cœur rongé de dépit.

Le baron fit quelques pas en avant, et demanda si parmi les chevaliers et les seigneurs qui étaient réunis, il s'en trouvait quelqu'un qui voulût tirer l'épée pour soutenir les infames mensonges que la baronne venait de vomir contre lui, contre son épouse et contre sa parente.

Chacun refusa de prendre la défense de la baronne de Steinfeldt dans une si mauvaise cause, et déclara qu'il était convaincu qu'elle avait parlé avec calomnie et fausseté.

— Que ses paroles soient donc regardées comme autant de mensonges, dit le baron d'Arnheim, puisque nul homme d'honneur ne veut en soutenir la vérité. Mais tous ceux qui sont ici ce matin, verront si la baronne Hermione accomplit les devoirs du christianisme.

La comtesse Waldstetten lui faisait des signes avec un air d'inquiétude, pendant qu'il parlait ainsi ; et

quand la foule lui permit d'approcher de lui, ses voisins l'entendirent lui dire à demi-voix : -- Soyez prudent! ne faites pas d'épreuve téméraire ; il y a quelque
chose de mystérieux dans cette opale, dans ce talisman.
Soyez circonspect, et ne songez plus à ce qui vient de
se passer.

Le baron était alors plus en colère que n'aurait dû le
permettre la sagesse à laquelle il prétendait. Peut-être
avouera-t-on pourtant qu'un pareil affront, reçu en
de telles circonstances, suffisait pour ébranler la prudence de l'homme le plus patient, et la philosophie du
plus sage ; il lui répondit brièvement et avec humeur :
—Êtes-vous aussi une folle? et il n'en persista pas moins
dans le projet qu'il avait formé.

La baronne d'Arnheim entra dans ce moment. Son
accouchement encore récent lui avait laissé ce qu'il fallait de pâleur pour rendre son charmant visage plus
intéressant que jamais, quoique moins animé. Ayant
salué la compagnie avec une politesse pleine de grace,
elle commençait à demander où était madame de Steinfeldt, quand son mari l'interrompit pour inviter la compagnie à passer dans la chapelle, et chacun s'étant mis
en marche, il donna le bras à son épouse pour l'y conduire, à la suite des autres. Cette brillante compagnie
remplissait presque toute la chapelle, et tous les yeux
se fixèrent sur le baron et la baronne, quand ils y arrivèrent, précédés par quatre jeunes personnes, qui
portaient l'enfant sur une petite litière splendidement
décorée.

En entrant dans la chapelle, le baron plongea son doigt dans le bénitier, et offrit de l'eau bénite à son épouse, qui l'accepta, suivant l'usage, en lui touchant le doigt du sien. Mais alors, comme pour réfuter les calomnies de la méchante baronne de Steinfeldt, et avec un air de familiarité enjouée, que le lieu et le temps auraient peut-être dû lui interdire, il secoua vers le beau front d'Hermione les gouttes d'eau bénite qui restaient suspendues à son doigt. Une de ces gouttes tomba sur l'opale. Cette pierre lança un feu brillant, comme une étoile qui tombe, et le moment d'après perdit tout son éclat, toutes ses couleurs, et devint semblable au caillou le plus commun. Au même instant, la belle baronne tomba sur le marbre de la chapelle, en poussant un profond soupir d'angoisse. Les spectateurs effrayés se pressèrent autour d'elle; on la releva, et on la porta dans sa chambre : mais pendant ce court intervalle, il survint un tel changement dans tous ses traits, et son pouls devint si faible, que tous ceux qui la voyaient la regardèrent comme une femme près d'expirer. Dès qu'elle fut dans son appartement, elle demanda qu'on la laissât seule avec son mari. Il resta une heure avec elle, et quand il sortit de sa chambre, il ferma la porte à double tour. Il retourna alors dans la chapelle, et y demeura plus d'une heure prosterné au pied de l'autel.

Cependant la plupart des personnes invitées au baptême étaient déjà parties, frappées de consternation. Il n'en resta qu'un très-petit nombre, les unes par politesse, les autres par curiosité. Chacun sentait qu'il ne convenait nullement qu'on laissât une femme malade, seule et enfermée dans son appartement ; mais quoiqu'on fût alarmé des circonstances qui avaient donné lieu à sa maladie, personne n'osait troubler le baron dans ses dévotions. Enfin des médecins qu'on avait envoyé chercher arrivèrent, et la comtesse de Waldstetten prit sur elle de demander au baron la clef de la chambre. Elle eut besoin de lui faire plusieurs fois cette demande, avant qu'il fût en état de l'entendre, ou du moins de la comprendre. Enfin il lui donna la clef, d'un air sombre, en lui disant que tout secours était inutile, et qu'il désirait que tous les étrangers sortissent du château.

Peu d'entre eux eurent envie d'y rester, quand, après avoir ouvert la chambre dans laquelle on avait transporté Hermione environ deux heures auparavant, on ne put y découvrir aucune trace d'elle, si ce n'est qu'on trouva sur le lit où on l'avait placée, une poignée de cendres grisâtres et légères, telles que celles qu'aurait produites du papier brûlé. Cependant on lui fit un service solennel, on accomplit tous les rites religieux, et l'on chanta des messes pour le repos de l'ame de très-haute et très-noble dame Hermione, baronne d'Arnheim.

Trois ans après, le même jour, le baron lui-même fut enseveli dans le caveau sépulcral de la chapelle d'Arnheim, avec son épée, son casque et son bouclier, comme étant le dernier rejeton mâle de sa famille. »

Ici se termina le récit de Donnerhugel, et ils étaient alors à peu de distance du pont conduisant au château de Graff's-Lust.

CHAPITRE XII.

—

« Oui, croyez-moi, monsieur, il a de fort beaux traits;
« Mais ce n'est qu'un esprit. »

SHAKSPEARE.

Il y eut quelques instans de silence après que le Bernois eut fini son récit singulier. L'attention d'Arthur Philipson avait été peu à peu complètement captivée par une histoire qui était trop d'accord avec les idées reçues dans ce siècle, pour qu'on l'écoutât avec cette incrédulité qu'on y aurait opposée dans un temps plus moderne et plus éclairé.

Il fut aussi très-frappé de la manière dont elle avait été racontée par son compagnon, qu'il n'avait regardé jusqu'alors que comme un chasseur grossier, un soldat ignorant; tandis qu'il se trouvait maintenant obligé de lui accorder plus de connaissance générale du monde et de ses manières, qu'il ne lui en avait supposé auparavant. Le Suisse gagna donc dans son opinion, comme homme de talent; mais il ne fit pas le moindre progrès dans son affection.

— Ce fier-à-bras, se dit Arthur à lui-même, ne manque pas plus de cervelle que d'os et de chair, et il est plus digne de commander aux autres que je ne l'avais cru jusqu'ici. Se tournant alors vers son compagnon, il le remercia d'un récit dont l'intérêt lui avait fait paraître le chemin plus court.

—Et c'est de ce singulier mariage, continua-t-il, qu'Anne de Geierstein tire son origine?

—Sa mère, répondit le Suisse, fut Sibylle d'Arnheim; ce même enfant dont la mère mourut, disparut, devint tout ce que vous voudrez supposer, lors de son baptême; et la baronnie d'Arnheim, étant un fief attribué à la ligne masculine, retourna à l'Empereur. Le château n'a jamais été habité depuis la mort du dernier baron, et j'ai entendu dire qu'il commence à tomber en ruines. Les occupations de ses anciens maîtres, et surtout la catastrophe du dernier, font que personne ne se soucie d'y résider.

—Et remarqua-t-on jamais quelque chose de surnaturel à l'égard de la jeune baronne qui épousa le frère du Landamman?

—J'ai entendu raconter à ce sujet d'assez étranges

3

histoires. On dit que la nourrice de l'enfant vit pendant
la nuit Hermione, baronne d'Arnheim, debout et pleu-
rant à côté du berceau de sa fille, et l'on rapporte
beaucoup d'autres choses du même genre. Mais ici je
vous parle d'après des renseignemens moins sûrs que
ceux qui m'ont servi pour vous faire mon premier
récit.

—Mais puisqu'on doit accorder ou refuser sa croyance
à une histoire peu vraisemblable en elle-même, d'après
les preuves sur lesquelles elle est appuyée, puis-je vous
demander sur quelle autorité votre confiance est fondée?

— Je vous le dirai bien volontiers. Théodore Donnerhugel, page favori du dernier baron d'Arnheim,
était frère de mon père. A la mort de son maître, il
revint à Berne, sa ville natale, et il passa ensuite une
partie de son temps à m'enseigner le maniement des
armes et tous les exercices militaires usités tant en Allemagne qu'en Suisse, car il les connaissait tous parfaitement. Il avait vu de ses propres yeux et entendu
de ses propres oreilles la plupart des événemens tristes
et mystérieux que je viens de vous rapporter. Si jamais
vous allez à Berne, vous pourrez y voir ce bon vieillard.

— Et vous croyez donc que l'apparition que j'ai vue
cette nuit a quelque rapport au mariage mystérieux de
l'aïeul d'Anne de Geierstein?

— Ne croyez pas que je puisse vous donner une explication positive d'une chose si étrange. Tout ce que

je puis dire, c'est qu'à moins de douter du témoignage
que vous rendez à l'apparition que vous avez vue deux
fois aujourd'hui, je ne connais aucun moyen de l'expliquer qu'en me rappelant qu'on pense qu'une partie
du sang qui coule dans les veines de cette jeune personne ne puise pas son origine dans la race d'Adam,
mais dérive plus ou moins directement d'un de ces esprits élémentaires dont on a tant parlé dans les temps
anciens et modernes. Au surplus, je puis me tromper.
Nous verrons comment elle se trouvera ce matin, et si
elle a l'air pâle et fatigué d'une femme qui a passé la
nuit. Dans le cas contraire, nous pourrons être auto-
risés à penser, ou que vos yeux vous ont étrangement
trompé, ou que l'apparition qu'ils ont vue est celle d'un
être qui n'appartient pas à ce monde.

Le jeune Anglais n'essaya pas de répondre, et il n'en
eut pas même le temps, car la voix de la sentinelle qui
était en faction sur le pont se fit entendre en ce moment.

Sigismond cria deux fois : Qui va là, et deux fois on
lui répondit d'une manière satisfaisante, avant qu'il pût
se décider à laisser passer la patrouille sur le pont.

— Ane, mulet, s'écria Rodolphe, pourquoi donc ce
délai?

— Ane et mulet toi-même, Hauptmann, dit le jeune
Suisse, en réponse à ce compliment; j'ai déjà été une
fois surpris à mon poste, cette nuit, par un esprit, et
j'ai acquis assez d'expérience à ce sujet pour ne pas l'être
une seconde si aisément.

— Et quel esprit, sot que tu es, reprit Rodolphe, serait assez imbécile pour vouloir s'amuser aux dépens d'un pauvre animal comme toi?

— Tu es aussi bourru que mon père, Hauptmann, car il m'appelle sot et imbécile à chaque mot que je prononce. Et cependant j'ai, pour parler, des lèvres, des dents et une bouche, tout aussi-bien qu'un autre.

— Nous n'aurons pas de contestation à ce sujet, Sigismond. Il est certain que si tu diffères des autres, c'est en un point sur lequel il est difficile de s'attendre que tu puisses le reconnaître ou l'avouer. Mais, au nom de ta simplicité, qu'est-ce qui t'a donc alarmé à ton poste?

— Je vais vous le dire, Hauptmann. J'étais un peu fatigué, voyez-vous, à force d'avoir regardé la lune, et je me demandais de quoi elle pouvait être faite, et comment il pouvait arriver qu'on la vit aussi bien d'ici que de Geierstein, quoiqu'il y ait tant de milles de distance. Ces réflexions, et d'autres non moins embarrassantes, m'avaient fatigué, vous dis-je, de sorte que je tirai mon bonnet sur mes oreilles, car je vous réponds que le vent était piquant; je me plantai ferme sur mes pieds, une jambe un peu avancée; je plaçai ma pertuisane droite devant moi, l'empoignant des deux mains pour m'y appuyer, et je fermai les yeux.

— Fermer les yeux quand tu étais de garde! s'écria Donnerhugel.

— Ne vous inquiétez pas, j'avais les oreilles ouvertes. Cependant je n'en fus guère plus avancé, car j'entendis quelque chose marcher sur le pont, d'un pas aussi léger que celui d'une souris. A l'instant où cela était près de moi, j'ouvris les yeux en tressaillant, je regardai, et devinez ce que je vis.

— Quelque sot comme toi, dit Rodolphe en pressant le pied de Philipson pour l'engager à faire attention à ce qu'allait répondre Sigismond. Mais Arthur n'avait pas besoin de cet avis muet, car il attendait cette réponse avec la plus vive agitation.

— Par saint Marc, dit Sigismond, c'était notre cousine, Anne de Geierstein.

— Impossible ! s'écria le Bernois.

— C'est ce que j'aurais dit comme vous ; car j'étais allé voir sa chambre à coucher avant qu'elle y entrât, et sur ma foi elle était arrangée comme pour une reine ou pour une princesse. Pourquoi donc aurait-elle quitté un si bon appartement, où elle avait autour d'elle tous ses amis pour la garder, et irait-elle courir dans la forêt ?

— Peut-être était-elle venue jusqu'au bord du pont, pour voir quelle nuit il faisait.

— Point du tout. Elle venait du côté de la forêt, et je l'ai vue entrer sur le pont. J'étais même sur le point de lui donner un bon coup de ma pertuisane, croyant que c'était le diable qui avait pris sa ressemblance ; mais je me suis rappelé à temps que cette arme n'était pas une houssine propre à châtier des enfans et des jeunes filles ; et si c'eût été Anne que j'eusse blessée, vous auriez tous poussé de beaux cris contre moi : pour dire la

3.

vérité, j'en aurais été bien fâché moi-même ; car, quoiqu'elle plaisante de temps en temps à mes dépens, notre
maison serait bien triste, si nous perdions Anne.

— Et as-tu parlé à cette forme, à cet esprit, comme
tu l'appelles, âne que tu es ?

— Non vraiment, savant capitaine. Mon père me
reproche toujours de parler sans penser, et dans ce moment penser m'était impossible ; je n'en avais pas même
le temps, car elle a passé devant moi comme un flocon
de neige emporté par un ouragan. Cependant je la suivis
dans le château, en l'appelant si haut par son nom, que
j'éveillai tous ceux qui dormaient ; chacun courut aux
armes, et il y eut autant de confusion que si Archibald
Von Hagenbach était arrivé armé d'un sabre et d'une
hallebarde. Et que vis-je sortir de la chambre d'Anne,
s'il vous plaît ? Anne elle-même, qui avait l'air aussi
effrayée qu'aucun de nous. Elle protesta qu'elle n'était
pas sortie de sa chambre de toute la nuit ; et ce fut moi,
moi Sigismond Biederman, qui supportai tout le blâme,
comme si je pouvais empêcher les esprits de se promener
pendant la nuit. Mais je lui dis bien son fait, quand je
vis que tout le monde était contre moi. Cousine Anne,
lui dis-je, on sait fort bien de quelle race vous descen-
dez, et après vous avoir donné cet avis, si vous m'en-
voyez encore un double de votre personne, qu'il ait
soin de se couvrir la tête d'un bonnet de fer, car, sous
quelque forme que ce double se présente, je lui ferai
sentir le poids et la longueur d'une hallebarde suisse.
Tout le monde se mit à crier, fi ! fi ! et mon père me

renvoya à mon poste sans plus de cérémonie que si
j'eusse été un chien de basse-cour qui serait venu se
coucher auprès du feu.

Le Bernois lui répondit avec un air de froideur qui
approchait du mépris : — Vous vous êtes endormi à
votre poste, Sigismond, ce qui est une grande faute
contre la discipline militaire; et vous avez rêvé en dor-
mant. Vous êtes bien heureux que le Landamman ne se
soit pas douté de votre négligence, car, au lieu de vous
renvoyer comme un chien de basse-cour paresseux, il
vous aurait fait repartir, bien fustigé, pour votre che-
nil, à Geierstein, comme il y a renvoyé Ernest pour une
faute bien moins grave.

—Ernest, il n'est pas encore parti, quoi qu'il en soit;
et je crois bien qu'il pourra entrer en Bourgogne tout
aussi avant qu'aucun de nous. Cependant, Hauptmann,
je vous prie de me traiter en homme et non en chien, et
d'envoyer quelqu'un pour me relever, au lieu de rester
à bavarder ici à l'air froid de la nuit. Si nous avons de
la besogne demain, comme je suppose que nous pourrons en avoir, une bouchée de nourriture et une minute de sommeil sont nécessaires pour s'y préparer, et
voilà plus de deux mortelles heures que je suis en faction ici.

A ces mots, le jeune géant bâilla d'une manière pro-
digieuse, comme pour prouver que sa demande était
bien fondée.

—Une bouchée! une minute! répéta Rodolphe, un
bœuf rôti et une léthargie semblable à celle des Sept

Dormans suffiraient à peine pour te donner l'usage de tes sens; mais je suis votre ami, Sigismond, et vous pouvez être sûr que je ne ferai aucun rapport qui vous soit défavorable; je vais vous faire relever sur-le-champ, afin que vous puissiez vous livrer au sommeil, et j'espère qu'il ne sera plus troublé par des rêves. Passez, jeunes gens, dit-il à ses autres compagnons qui arrivaient en ce moment, allez vous reposer; Arthur et moi nous rendrons compte de notre patrouille au Landamman et au porte-bannière.

La patrouille entra dans le château, et ceux qui la composaient allèrent rejoindre leurs compagnons endormis. Rodolphe Donnerhugel saisit le bras d'Arthur, à l'instant où ils allaient entrer dans le vestibule, et lui dit à l'oreille :

—Voilà des événemens étranges! croyez-vous que nous en devions faire rapport à la députation?

—C'est à vous qu'il appartient d'en décider, répondit Arthur, puisque vous êtes le commandant de la patrouille; j'ai fait mon devoir en vous disant ce que j'ai vu, ou ce que je crois avoir vu. C'est à vous de juger jusqu'à quel point il convient d'en faire part au Landamman; j'ajouterai seulement que, comme c'est une affaire qui concerne l'honneur de sa famille, je pense que c'est à lui seul que le rapport doit en être fait.

—Je n'en vois pas la nécessité, dit précipitamment le Bernois; cette circonstance ne peut influer en rien sur notre sûreté: mais je pourrai saisir quelque occasion pour en dire un mot à Anne.

Cette dernière idée contraria Arthur autant que la proposition de garder le silence sur une affaire si délicate lui avait fait plaisir. Mais le mécontentement qu'il éprouvait était d'une telle nature, qu'il jugea à propos de le dissimuler. Il répondit donc avec autant de calme qu'il lui fut possible d'en montrer :

—Vous agirez, sire Hauptmann, comme vous l'inspireront le sentiment de votre devoir et votre délicatesse. Quant à moi, je garderai le silence sur ce que vous appelez les événemens étranges de cette nuit, et que le rapport de Sigismond Biederman rend doublement surprenans.

—Et vous le garderez aussi sur ce que vous avez vu et entendu de nos auxiliaires de Bâle? dit Rodolphe.

—Certainement; si ce n'est que j'ai dessein de parler à mon père du risque qu'il court de voir son bagage visité et saisi à la Férette.

—Cela est inutile; je réponds sur mon bras et sur ma tête de la sûreté de tout ce qui lui appartient.

—Je vous en remercie en son nom; mais nous sommes des voyageurs paisibles, et nous désirons éviter toute querelle, plutôt que d'en exciter une, quand même nous serions sûrs d'en sortir avec les honneurs du triomphe.

—Ce sont les sentimens d'un marchand, et non d'un soldat, dit Rodolphe d'un ton froid et mécontent. Au surplus, c'est votre affaire, et vous devez agir en cela comme vous le jugerez à propos. Songez seulement que si vous allez sans nous à la Férette, vos marchandises et votre vie seront également en danger.

Comme il achevait ces mots, ils entrèrent dans la
salle où étaient leurs compagnons de voyage. Ceux qui
venaient de faire la patrouille étaient déjà étendus à
côté de leurs camarades endormis à une extrémité de
l'appartement. Le Landamman et le porte-bannière de
Berne entendirent le rapport que leur fit Donnerhugel
que la patrouille avait fait sa ronde en sûreté, et sans
avoir rien rencontré qui pût donner lieu de craindre ou
de soupçonner aucun danger. Le Bernois, s'enveloppant
ensuite de son manteau, se coucha sur la paille, avec
cette heureuse indifférence pour un bon lit, et cette
promptitude à saisir un moment de repos, qu'on doit
à une vie dure et laborieuse. Au bout de quelques minutes il dormait profondément.

Arthur resta debout quelques instans de plus, pour
jeter un coup d'œil sur l'appartement d'Anne de Geierstein, et pour réfléchir sur les événemens singuliers de
cette soirée ; mais c'était pour lui un chaos mystérieux
dont il lui était impossible de percer l'obscurité, et la
nécessité d'avoir sur-le-champ un entretien avec son
père changea le cours de ses pensées. Voulant que cet
entretien fût secret, il fut obligé de prendre des précautions. Il se coucha donc à côté de son père, pour qui,
avec cette hospitalité dont il avait eu tant de preuves
depuis qu'il avait fait connaissance avec le digne et bon
Landamman, on avait arrangé un lit de paille dans le
coin qui avait paru le plus commode de l'appartement,
et à quelque distance des autres. Il dormait profondément, mais il s'éveilla en sentant son fils se coucher près

de lui, et lui dit à voix basse, et en anglais, pour plus de précaution, qu'il avait des nouvelles importantes à lui communiquer en particulier.

—Attaque-t-on le poste? demanda Philipson; faut-il prendre nos armes?

—Pas à présent; ne vous levez pas, ne donnez pas l'alarme; l'affaire dont je veux vous parler ne concerne que nous.

—De quoi est-il question? dites-le-moi sur-le-champ, mon fils; vous parlez à un homme trop accoutumé aux dangers pour en être effrayé.

—C'est une affaire sur laquelle vous aurez à réfléchir avec prudence. Pendant que je faisais une patrouille, j'ai appris que le gouverneur de la Férette saisira indubitablement votre bagage et vos marchandises, sous prétexte de se faire payer les droits dus au duc de Bourgogne. J'ai aussi été informé que les jeunes Suisses composant l'escorte de la députation ont résolu de résister à cette exaction, et qu'ils croient avoir la force et les moyens nécessaires pour y réussir.

—Par saint George, cela ne doit pas être! s'écria Philipson; ce serait reconnaître bien mal l'hospitalité du bon Landamman, que de fournir à ce prince impétueux un prétexte pour commencer une guerre que cet excellent vieillard désire si vivement éviter, s'il est possible. Je me soumettrai volontiers à toutes les exactions possibles; mais la saisie des papiers que je porte sur moi serait une ruine complète. J'avais quelques craintes à cet égard, et c'était ce qui me faisait hésiter à me

joindre au Landamman. Il faut maintenant nous en séparer. Ce gouverneur rapace n'arrêtera sûrement pas
une députation protégée par la loi des nations, et qui se
rend près de son maître; mais je vois aisément qu'il
pourrait trouver dans notre présence avec eux le prétexte d'une querelle, qui conviendrait également à sa
cupidité et à l'humeur de ces jeunes gens, qui ne cher-
chent qu'une occasion de se croire offensés : ce n'est pas
nous qui la leur fournirons. Nous nous séparerons des
députés, et nous resterons en arrière jusqu'à ce qu'ils
soient passés plus avant. Si ce Von Hagenbach n'est pas
le plus déraisonnable des hommes, je trouverai le moyen
de le contenter, en ce qui nous concerne personnellement. Cependant je vais éveiller le Landamman, car je
veux lui apprendre sur-le-champ notre intention.

Philipson n'était pas lent à accomplir ses résolutions.
En moins d'une minute, il était debout à côté d'Arnold
Biederman, qui, appuyé sur le coude, écouta ce qu'il
avait à lui communiquer; tandis que par-dessus l'é-
paule du Landamman s'élevaient le bonnet fourré et
la longue barbe du député de Schwitz, fixant ses grands
yeux bleus sur l'Anglais, mais jetant un coup d'œil de
temps en temps sur son collègue, pour voir quelle impression faisaient sur lui les discours de l'étranger.

—Mon cher ami, mon digne hôte, dit Philipson,
nous avons appris, de manière à n'en pouvoir douter,
que nos pauvres marchandises seront assujetties à des
droits, peut-être même confisquées, lorsque nous
passerons par la Férette; et je voudrais éviter toute

cause de querelle, tant pour vous que pour nous-
mêmes.

—Vous ne doutez pas que nous n'ayons le pouvoir
et la volonté de vous protéger, répondit le Landamman. Je vous dis, Anglais, que l'hôte d'un Suisse est
aussi en sûreté à côté de lui, qu'un aiglon sous l'aile
de sa mère. Nous quitter parce que le danger approche,
ce serait faire un pauvre compliment à notre courage et
à notre fermeté. Je désire la paix ; mais le duc de Bourgogne lui-même ne ferait pas une injustice à un de mes
hôtes, s'il était en mon pouvoir de l'en empêcher.

En entendant ces mots, le député de Schwitz serra
le poing et l'allongea par-dessus les épaules de son ami.

—C'est précisément pour éviter cela, mon digne hôte,
que j'ai dessein de quitter votre compagnie amicale plus
tôt que je ne l'aurais désiré et que je ne me proposais
de le faire. Songez, mon brave et digne ami, que vous
êtes un ambassadeur qui tend à conclure la paix, et
que je suis un marchand qui cherche à faire du gain.
La guerre, ou une querelle qui pourrait l'amener, seraient également la ruine de vos projets et des miens.
Je vous dirai très-franchement que je suis disposé à
payer une forte rançon, et que je suis en état de le
faire ; et j'en négocierai le montant après votre départ.
Je resterai dans la ville de Bâle jusqu'à ce que j'aie fait
des conditions raisonnables avec Archibald Von Hagenbach ; et quand même il mettrait dans ses exactions
toute la cupidité qu'on lui suppose, il modérera ses
prétentions avec moi, plutôt que de risquer de tout

perdre, en me voyant retourner sur mes pas et prendre une autre route.

— Vous parlez sagement, sire Anglais; et je vous remercie d'avoir rappelé mes devoirs à mes souvenirs. Mais il ne faut pourtant pas que vous soyez exposé à des dangers. Dès que nous nous serons remis en marche, le pays va être ouvert de nouveau aux dévastations des soldats bourguignons et des Lansquenets, qui balaieront les routes dans tous les sens. Les habitans sont malheureusement trop craintifs pour vous protéger; ils vous livreraient au gouverneur à la première demande; et quant à la justice et à l'humanité, vous pourriez vous attendre à en trouver en enfer autant qu'en Hagenbach.

— On dit, mon cher hôte, qu'il y a des conjurations qui peuvent faire trembler l'enfer même, et j'ai les moyens de me rendre favorable ce Von Hagenbach lui-même, pourvu que je puisse avoir avec lui un entretien particulier. Mais j'avoue que tout ce que j'ai à attendre de ses soldats et de ses Lansquenets, c'est d'être massacré, quand ce ne serait que pour la valeur de l'habit que je porte.

— En ce cas, et s'il faut que vous vous sépariez de nous, mesure en faveur de laquelle je ne nierai pas que vous n'ayez allégué de sages et fortes raisons, pourquoi ne partiriez-vous pas d'ici deux heures avant nous? Les routes seront sûres, puisqu'on attend notre escorte; et en partant de bonne heure, vous aurez probablement l'avantage de voir Hagenbach avant qu'il soit ivre, et aussi capable qu'il peut jamais l'être d'écouter la raison, c'est-à-dire d'apercevoir son véritable intérêt. Mais quand il a fait passer son déjeuner à force de vin du Rhin, ce qu'il fait tous les matins avant d'entendre la messe, sa fureur rend sa cupidité même aveugle.

— La seule chose qui me manque pour exécuter ce projet, c'est un mulet pour porter mon bagage, qui a été placé avec les vôtres.

— Prenez la mule; elle appartient à mon frère de Schwitz que voici, et il vous la donnera bien volontiers.

— De tout mon cœur, et quand même elle vaudrait vingt couronnes, du moment que mon camarade Arnold le désire, dit la vieille barbe blanche.

— J'en accepterais le prêt avec reconnaissance, répondit l'Anglais; mais comment pourrez-vous vous en passer? Il ne vous restera qu'un seul mulet.

— Il nous sera facile de nous en procurer un autre à Bâle, dit le Landamman. Le petit délai qui en résultera sera même utile à vos projets. J'ai annoncé que nous partirions une heure après le point du jour; nous retarderons notre départ d'une heure, ce qui nous donnera assez de temps pour trouver un mulet ou un cheval, et vous facilitera le moyen d'arriver avant nous à la Férette, où j'espère que, ayant arrangé vos affaires avec Hagenbach à votre satisfaction, vous pourrez encore nous accorder votre compagnie pour le reste de notre voyage.

— Si nos projets réciproques permettent que nous

voyagions ensemble, digne Landamman, je m'estimerai
très-heureux d'être encore votre compagnon de voyage.
Et maintenant goûtez le repos que j'ai interrompu.

— Que Dieu vous protège, sage et digne homme,
dit le Landamman en se levant pour embrasser l'Anglais. S'il arrivait que nous ne nous revissions plus,
je me souviendrai toujours du marchand qui a repoussé
toute idée de gain pour marcher dans le sentier de la
sagesse et de la droiture. Je n'en connais pas un autre
qui n'eût risqué de faire répandre un lac de sang,
pour épargner cinq onces d'or. Adieu aussi, brave
jeune homme. Vous avez appris parmi nous à marcher
d'un pied ferme sur les rochers escarpés de l'Helvétie,
mais personne ne peut vous apprendre aussi bien que
votre père à suivre le bon chemin au milieu des maré-
cages et des précipices de la vie humaine.

Il embrassa ses deux amis, et leur fit ses adieux avec
toutes les marques d'une amitié sincère. Son collègue
de Schwitz imita son exemple, effleura de sa longue
barbe les deux joues des deux Anglais, et leur répéta
que sa mule était à leur service. Chacun d'eux ne songea plus alors qu'à prendre un peu de repos avant le
jour.

CHAPITRE XIII.

＿＿

> « Qui fait naître entre nous la haine et la discorde ?
> « Votre duc, qui, suivant les conseils des mérchans,
> « A proscrit sans pitié tant de pauvres marchauds
> « Qui, n'ayant pas d'écus pour racheter leur vie,
> « Ont au prix de leur sang scellé sa tyrannie. »
> SHAKSPEARE. *Comédie des Erreurs.*

Le premier rayon de l'aurore commençait à peine à poindre à l'horizon lointain, quand Arthur Philipson se leva pour faire avec son père les préparatifs de son départ, qui, comme on en était convenu la nuit précédente, devait avoir lieu deux heures avant celle où la députation suisse se proposait de quitter le château en ruines de Graff's-Lust. Il ne lui fut pas difficile de

4.

trouver les paquets bien arrangés du bagage de son père au milieu de ceux dans lesquels étaient placés sans soin les effets appartenant aux Suisses. Les premiers avaient été faits avec l'adresse et le soin de gens habitués à des voyages longs et dangereux, les autres avec la gauche insouciance d'hommes qui quittaient rarement leur logis, et qui n'avaient aucune expérience comme voyageurs.

Un domestique du Landamman aida Arthur à porter les malles de son père, et à les placer sur la mule appartenant au député barbu de Schwitz. Il en reçut aussi quelques renseignemens sur la route de Graff's-Lust à la Férette, et elle était trop directe et trop facile pour qu'il fût probable qu'ils courussent le risque de se perdre, comme cela leur était arrivé au milieu des montagnes de la Suisse. Dès que les préparatifs furent terminés, le jeune Anglais éveilla son père, et l'avertit que tout était prêt pour leur départ. Il s'approcha ensuite de la cheminée, tandis que Philipson, suivant son usage journalier, récitait l'oraison de saint Julien, patron des voyageurs, et rajustait ses vêtemens.

On ne sera pas surpris si nous ajoutons que, pendant que le père s'acquittait de ses pratiques de dévotion, et s'équipait pour son voyage, le fils, le cœur plein de tout ce qu'il avait vu d'Anne de Geierstein depuis quelque temps, et des incidens de la nuit précédente, eut toujours les yeux fixés sur la porte de la chambre dans laquelle il l'avait vue entrer la der-

nière fois qu'elle avait paru à ses yeux; c'est-à-dire,
à moins que la forme pâle et fantastique qui avait
passé deux fois devant lui d'une manière si étrange ne
fût un esprit élémentaire et errant : sa curiosité, à ce
sujet, était si ardente, que ses regards semblaient s'ef-
forcer de pénétrer, à travers la porte et la muraille, jus-
que dans la chambre de la belle endormie, et y découvrir si ses yeux ou ses joues offraient quelque indice
qu'elle eût passé une bonne partie de la nuit à veiller
et à se promener.

— Mais c'était la preuve à laquelle Rodolphe en ap-
pelait, se dit-il à lui-même; et Rodolphe seul aura l'occasion d'en remarquer le résultat. Qui sait quel avantage il pourra tirer pour ses prétentions à cette aimable
personne, de ce que je lui ai appris? Et que devra-t-elle
penser de moi? Ne me regardera-t-elle pas comme un
homme qui ne sait ni réfléchir, ni retenir sa langue; à
qui il ne peut rien arriver d'extraordinaire, sans qu'il
aille en jaser aux oreilles du premier venu? Je voudrais
que ma langue eût été paralysée, avant que j'eusse dit
un seul mot à ce fier-à-bras aussi rusé qu'orgueilleux.
Je ne la verrai plus; cela peut être regardé comme
certain, et par conséquent je n'obtiendrai jamais l'explication du mystère qui l'entoure. Mais penser que
mon bavardage peut tendre à donner de l'influence sur
elle à ce paysan sauvage, c'est un reproche que je me
ferai toute ma vie.

Il fut tiré de sa rêverie par la voix de son père. — Eh
bien, mon fils! Êtes-vous bien éveillé, Arthur? ou le

service que vous avez fait la nuit dernière vous a-t-il
fatigué au point de vous faire dormir debout?

—Non, mon père, répondit Arthur, revenant à lui
sur-le-champ; je suis peut-être un peu engourdi, mais
grace à l'air frais du matin, bientôt il n'y paraîtra
plus.

Marchant avec précaution à travers les groupes de
dormeurs étendus çà et là dans l'appartement, Philipson, quand ils furent à la porte, se retourna, et jeta
un coup d'œil sur le lit de paille occupé par le Landamman et son compagnon le député de Schwitz, et que le
premier rayon de l'aurore commençait à éclairer; la
barbe blanche de celui-ci lui fit aisément distinguer
celui des deux qui était Arnold Biederman, et ses lèvres murmurèrent un adieu involontaire.

— Adieu, miroir d'ancienne foi et d'intégrité, dit-il;
adieu, noble Arnold; adieu, ame pleine de candeur et
de vérité, à qui la lâcheté, l'égoïsme et la fausseté sont
également inconnus!

— Adieu, pensa son fils, la plus aimable, la plus
franche, et pourtant la plus mystérieuse des femmes.
Mais cet adieu, comme on peut bien le croire, ne fut
pas, comme celui de son père, exprimé par des paroles.

Ils furent bientôt hors du vieux château. Le domestique suisse fut libéralement récompensé, et chargé de
faire de nouveaux adieux au Landamman de la part de
ses hôtes anglais, en lui disant qu'ils emportaient l'espoir et le désir de le rejoindre bientôt sur le territoire
de la Bourgogne. Arthur prit alors en main la bride de

la mule, et tandis qu'il la conduisait à un pas modéré, son père marchait à son côté.

Après quelques minutes de silence, Philipson dit à son fils : — Je crains que nous ne revoyions plus le digne Landamman. Les jeunes gens qui l'accompagnent sont décidés à s'offenser à la première occasion, et je crois bien que le duc de Bourgogne ne manquera pas de la leur fournir. La paix que cet excellent homme désire assurer au pays de ses ancêtres sera troublée avant qu'il arrive en présence du duc ; et quand même il en serait autrement, comment le prince le plus fier de toute l'Europe prendra-t-il les remontrances de bourgeois et de paysans ? car c'est ainsi que Charles de Bourgogne nommera les amis que nous venons de quitter. C'est une question à laquelle il n'est que trop facile de répondre. Une guerre fatale aux intérêts de toutes les parties, à l'exception de ceux de Louis, roi de France, aura certainement lieu, et le choc sera terrible si les rangs de la chevalerie bourguignonne rencontrent ces fils d'airain des montagnes, qui ont fait si souvent mordre la poussière à tant de nobles autrichiens.

— Je suis tellement convaincu de la vérité de ce que vous me dites, mon père, répondit Arthur, que je crois même que cette journée ne se passera pas sans que la paix soit violée. J'ai déjà mis une cotte-de-mailles, dans le cas où nous rencontrerions mauvaise compagnie d'ici à la Férette, et je voudrais que vous prissiez la même précaution. Cela ne retardera pas notre voyage, et je

vous avoue que, moi du moins, j'en voyagerai avec
plus de confiance et de sécurité, si vous y consentez.

— Je vous comprends, mon fils, reprit Philipson. Mais
je suis un voyageur paisible dans les domaines du duc
de Bourgogne, et je ne veux pas supposer que, tandis
que je suis sous l'ombre de sa bannière, je dois me
mettre en garde contre les bandits, comme si j'étais
dans les déserts de la Palestine. Quant à l'autorité de
ses officiers et à l'étendue de leurs exactions, je n'ai
pas besoin de vous dire que, dans les circonstances où
nous sommes, ce sont des choses auxquelles nous devons nous soumettre sans chagrin et sans murmures.

Laissant nos deux voyageurs s'avancer à loisir vers la
Férette, il faut que je transporte mes lecteurs à la porte
orientale de cette petite ville, qui, étant située sur une
éminence, commandait sur tous les environs, et' principalement du côté de Bâle. A proprement parler, elle
ne faisait point partie des domaines du duc de Bourgogne, mais elle avait été placée entre ses mains, comme
gage du remboursement d'une somme considérable due
au duc Charles par l'empereur Sigismond d'Autriche,
à qui appartenait la suzeraineté de cette place. Cependant la ville était située si favorablement pour gêner le
commerce de la Suisse, et pour donner des marques de
malveillance à un peuple qu'il haïssait et qu'il mépri-
sait, que l'opinion générale était que le duc de Bourgogne n'écouterait jamais aucunes propositions de ra-
chat, quelque équitables, quelque avantageuses qu'elles
pussent être, et qu'il ne consentirait jamais à rendre à

l'Empereur un poste avancé aussi important que l'était la Férette pour satisfaire sa haine.

La situation de cette petite ville était forte en elle-même, mais les travaux de fortification qui l'entouraient suffisaient à peine pour repousser une attaque soudaine, et étaient hors d'état de résister long-temps à un siège en règle.

Les rayons du soleil brillaient depuis plus d'une heure sur le clocher de l'église, quand un vieillard grand et maigre, enveloppé d'une robe de chambre autour de laquelle était bouclé un large ceinturon, soutenant d'un côté une épée, et un poignard de l'autre, s'avança vers la redoute de la porte située au levant. Sa toque était ornée d'une plume, ce qui, de même qu'une queue de renard, était un emblème de noblesse dans toute l'Allemagne, emblème dont faisaient grand cas tous ceux qui avaient droit de le porter.

Le petit détachement qui y avait été de garde la nuit précédente, et qui avait fourni des sentinelles pour la porte et des soldats pour les patrouilles à l'extérieur, prit les armes en voyant arriver cet individu, et se rangea en bon ordre, comme une troupe qui se dispose à recevoir avec les honneurs militaires un officier d'importance. Archibald Von Hagenbach, car c'était le gouverneur lui-même, avait alors cette physionomie qui exprime cette humeur morose et bourrue qui accompagne le lever d'un débauché valétudinaire. Les artères de sa tête battaient violemment, il avait le pouls fiévreux, et ses joues étaient pâles, symptômes qui an-

nonçaient que, suivant sa coutume, il avait passé la
nuit précédente entre les verres et les flacons. A en
juger d'après la hâte avec laquelle les soldats formèrent
leurs rangs, et d'après le silence respectueux qui régnait parmi eux, il paraissait qu'ils étaient habitués à
sa mauvaise humeur en pareille occasion, et qu'ils la re-
doutaient. Il jeta sur eux un regard perçant et mécontent, comme s'il eût cherché sur qui faire tomber son
humeur, et enfin il demanda où était ce chien de paresseux Kilian.

Kilian arriva presque au même instant. C'était un
homme d'armes robuste, mais ayant une physionomie
sinistre, Bavarois de naissance, et remplissant les fonctions d'écuyer près de la personne du gouverneur.

— Quelles nouvelles de ces paysans suisses, Kilian?
demanda Archibald. D'après leurs habitudes mesquines,
il y a deux heures qu'ils devraient être en route. Ces
manans se permettent-ils de singer les manières des gentilshommes? ont-ils caressé la bouteille jusqu'au chant
du coq?

— Sur ma foi, cela est très-possible, répondit Kilian;
car les bourgeois de Bâle leur ont donné de quoi faire
une orgie complète?

—Quoi! ont-ils osé donner l'hospitalité à ces bouviers
suisses, après les ordres contraires que je leur avais envoyés?

— Non; ils ne les ont pas reçus dans la ville, mais
j'ai appris, par des espions sûrs, qu'ils leur ont procuré
les moyens de se loger à Graff's-Lust, et fourni force

jambons et pâtés, pour ne rien dire des barils de bière, des flacons de vin du Rhin, et des bouteilles de liqueurs fortes.

— Les Bâlois me rendront compte de leur conduite, Kilian. S'imaginent-ils que je doive toujours me placer entre eux et le bon plaisir du duc, pour leur être utile? Ces gros porchers ont trop de présomption depuis que nous avons accepté d'eux quelques cadeaux, plutôt pour leur faire plaisir que pour l'avantage que nous pouvions tirer de leurs misérables présens. N'était-ce pas le vin venu de Bâle, que nous avons été obligés de boire dans des gobelets tenant une pinte, de peur qu'il ne fût aigre le lendemain?

— Il a été bu, et dans des gobelets tenant une pinte; c'est tout ce dont je me souviens.

— Eh bien, sois tranquille, j'apprendrai à ce bétail de Bâle que je n'ai aucune obligation de pareils présens, et que le souvenir du vin que je bois ne dure pas plus long-temps que le mal de tête qu'il me laisse chaque matin depuis trois ans, grace aux drogues qui le frelatent.

— Votre Excellence fera donc un sujet de querelle entre le duc de Bourgogne et la ville de Bâle, des secours indirects qu'elle a donnés à la députation suisse?

— Oui, sur ma foi, je le ferai; à moins qu'il ne s'y trouve des gens assez sages pour me donner de bonnes raisons pour les protéger. Oh! les Bâlois ne connaissent pas notre noble duc, ni le talent qu'il a pour châtier les chétifs habitans d'une ville libre. Tu peux leur dire, aussi

5

bien que qui que ce soit, comme il traita les vilains de Liège, quand ils voulurent raisonner (1).

— Je le leur apprendrai quand l'occasion s'en présentera, et j'espère que je les trouverai disposés à cultiver votre honorable amitié.

— S'ils ne s'en inquiètent pas, je m'en inquiète encore moins, Kilian; cependant il me semble qu'un gosier sain et entier vaut un certain prix, quand ce ne serait que pour y faire passer du boudin et de la bière, pour ne rien dire des jambons de Westphalie et du vin de Nierenstein. Je te dis qu'un gosier fendu n'est plus bon à rien, Kilian.

— Je ferai comprendre à ces gras bourgeois le danger qu'ils courent et le besoin qu'ils ont de s'assurer un protecteur. A coup sûr je n'en suis plus à apprendre comment faire tomber la balle sur les genoux de Votre Excellence.

— C'est bien parler. Mais pourquoi ne me dis-tu rien de ces Suisses? j'aurais cru qu'un vieux routier comme toi leur aurrait arraché quelques plumes des ailes, pendant qu'ils étaient à faire ripaille.

— Il m'aurait été aussi facile de prendre un porc-épic en colère avec la main nue. J'ai été moi-même reconnaître Graff's-Lust. Il y avait deux sentinelles sur les murailles, une autre sur le pont, et une patrouille faisait des rondes dans les environs. Il n'y avait rien à faire; sans quoi, connaissant l'ancienne querelle de

(1) Voyez *Quentin Durward.* — Ed.

Votre Excellence, j'en aurais tiré aile ou patte, sans qu'ils eussent jamais su qui avait fait le coup.

—Eh bien! ils n'en vaudront que mieux la peine d'être dégraissés en arrivant. Ils viennent en grand apparat sans doute, avec tous leurs bijoux, les chaînes d'argent de leurs femmes, leurs médaillons, leurs bagues de plomb ou de cuivre. Les vils goujats! ils ne méritent pas qu'un homme de sang noble les débarrasse de leurs guenilles.

— Il se trouve quelque chose de mieux avec eux, si mes informations ne m'ont pas trompé. Il y a des marchands......

— Fi, Kilian, fi! des bêtes de somme de Berne et de Soleure chargées de leurs marchandises de rebut! des draps trop gros pour en faire des couvertures à de bons chevaux, et des toiles semblables à un tissu de crin plutôt que de chanvre! Je les en dépouillerai pourtant, quand ce ne serait que pour vexer ces drôles. Quoi! ils ne se contentent pas de vouloir être traités comme un peuple indépendant, d'envoyer des députations et des ambassades; ils s'imaginent encore que le privilège des ambassadeurs couvrira l'introduction de leurs marchandises de contrebande! ils osent ainsi insulter le noble duc de Bourgogne, et le piller en même temps! Mais Hagenbach consent à n'être regardé ni comme chevalier ni comme gentilhomme, s'il les laisse passer impunément.

— La chose en mérite la peine plus que Votre Excellence ne le suppose, car ils ont avec eux des marchands anglais qui voyagent sous leur protection.

— Des marchands anglais! s'écria Archibald les yeux étincelans de joie; des marchands anglais, Kilian! on parle du Cathay et des Indes, où il y a des mines d'argent, d'or et de diamans; mais, foi de gentilhomme, je crois que ces brutes d'insulaires ont tous les trésors du monde dans les antres de leurs pays de brouillards. Et la variété de leurs riches marchandises! Dis-moi, Kilian, y a-t-il une longue suite de mulets? un train nombreux? Par le gant de Notre-Dame! je crois déjà entendre leurs clochettes, et c'est une musique plus agréable à mon oreille que le son des harpes de tous les *minnesingers* d'Heilbron.

— Votre Excellence se trompe. Il n'y a que deux marchands, à ce que j'ai appris, et tout leur bagage ne forme pas la charge d'un mulet; mais on dit que le bagage se compose de marchandises d'une valeur infinie, de soieries, de tissus d'or et d'argent, de dentelles, de fourrures, de perles, de joyaux, de parfums de l'Orient et de bijoux d'or de Venise.

— Extase du Paradis! s'écria le rapace Hagenbach, n'en dis pas davantage, Kilian, tout cela est à nous! sur ma foi, c'est d'eux que j'ai rêvé deux fois par semaine, tout le mois dernier. Oui, deux hommes de moyenne taille, et même en dessous; ayant bonne mine, le visage rond et lisse; des estomacs aussi dodus que des perdreaux, et des bourses aussi dodues que leurs estomacs. Ah! que dis-tu de mon rêve, Kilian?

— J'en dirai seulement que, pour bien vous instruire, il aurait dû vous montrer avec eux une ving-

taine de jeunes géans aussi vigoureux qu'aucun de leurs
compatriotes qui ait jamais gravi un rocher, ou qui ait
fait siffler une flèche contre un chamois ; avec un assor-
timent complet d'épées , d'arcs , de javelines, et de ces
lourdes pertuisanes qui brisent un bouclier comme si
c'était un gâteau de farine d'avoine, et qui font résonner
les casques comme les cloches d'une église.

— Tant mieux, drôle, tant mieux ! s'écria le gouverneur en se frottant les mains ; des colporteurs anglais
à piller, des rodomonts suisses à battre pour leur donner
une leçon de soumission ! Je sais que nous ne pouvons
avoir de ces pourceaux de Suisses que leurs soies héris-
sées, mais il est heureux qu'ils nous amènent ces deux
moutons à tondre. Allons, préparons nos épieux à san-
glier et nos ciseaux de tonte. Holà ! lieutenant Schonfeldt !

Un officier s'avança.

— Combien d'hommes avons-nous ici ?

— Une soixantaine, répondit l'officier. Une vingtaine
sont en faction de côté et d'autre, et il y en a de quarante à cinquante dans la caserne.

— Qu'ils se mettent tous sous les armes à l'instant
même : mais écoutez-moi ; qu'on ne les appelle pas au
son du cor ou de la trompette ; qu'on les avertisse de
vive voix de prendre les armes aussi tranquillement
que possible , et de se rendre ici , à la porte de l'Orient.
Dites aux drôles qu'il y a du butin à faire , et qu'ils en
auront leur part.

— Avec un tel leurre , dit Schonfeldt , vous les feriez

5.

marcher sur une toile d'araignée, sans effrayer l'insecte qui l'aurait filée. Je vais les rassembler sans perdre un instant.

— Je te dis, Kilian, continua le commandant transporté de joie, en s'adressant à son confident, que le hasard ne pouvait nous amener rien de plus à propos qu'une pareille escarmouche. Le duc Charles désire faire un affront aux Suisses. Je ne veux pas dire qu'il veuille donner des ordres directs pour qu'on agisse envers eux d'une manière qu'on pourrait appeler une violation de la foi publique à l'égard d'une ambassade pacifique; mais le brave serviteur qui épargnera à son prince le scandale d'une telle affaire, et dont la conduite pourra être appelée une erreur ou une méprise, sera regardé, je t'en réponds, comme lui ayant rendu un service signalé. Peut-être recevra-t-il en public une légère réprimande, mais en secret le duc saura quel cas il doit en faire. Eh bien ! pourquoi restes-tu silencieux ? Que signifie cet aspect lugubre ? Tu n'as pas peur de vingt enfans suisses, quand nous avons à nos ordres une si belle troupe de javelines ?

—Les Suisses donneront et recevront de bons coups, dit Kilian, mais je ne les crains pas. Cependant je ne voudrais pas me fier si aveuglément au duc Charles. Qu'il soit charmé d'abord d'apprendre que ces Suisses ont été bien étrillés, c'est ce qui est assez vraisemblable; mais si, comme Votre Excellence vient de me le donner à entendre, il juge à propos ensuite de désavouer cette conduite, il est homme à faire pendre les acteurs de cette scène, pour donner une couleur plus vive à son désaveu.

— Bon, bon ! Je sais sur quel terrain je marche. Louis de France pourrait jouer un pareil tour, rien n'est plus probable ; mais cela n'est pas dans le caractère de notre Téméraire de Bourgogne. Mais que diable as-tu donc ? Tu fais des grimaces comme un singe qui tient entre ses doigts un marron trop chaud.

— Votre Excellence a autant de sagesse que de courage, et il ne me convient pas de critiquer ses desseins. Mais cette ambassade pacifique, ces marchands anglais! Si Charles fait la guerre à Louis, comme le bruit en court, ce qu'il doit le plus désirer, c'est la neutralité de la Suisse, et l'assistance de l'Angleterre, dont le roi traverse la mer à la tête d'une grande armée. Or, sire Archibald Von Hagenbach, il est possible que ce que vous allez faire ce matin décide les Cantons Confédérés à prendre les armes contre Charles, et lui donne pour ennemis les Anglais qui sont ses alliés.

— Je m'en soucie fort peu. Je connais l'humeur du Duc. Lui qui est le maître de tant de belles provinces, s'il consent à les risquer pour faire un coup de tête, que doit faire Archibald Von Hagenbach, qui n'a pas un pouce de terre à perdre?

— Mais vous avez votre vie, Monseigneur.

— Oui, ma vie ; un misérable droit d'exister que j'ai été prêt à hasarder tous les jours pour quelques dollars ou pour quelques kreutzers ! Et crois-tu que j'hésiterai à l'aventurer pour des doublons, pour des mar-

chandises de l'Orient, pour des bijoux d'or de Venise?
Non, Kilian, non; il faut soulager ces Anglais du poids
de leurs balles, pour qu'Archibald Von Hagenbach puisse
boire un vin plus généreux que leur piquette de la
Moselle, et porter du brocard au lieu de ce velours
râpé. Il n'est pas même moins nécessaire que Kilian ait
un justaucorps neuf plus brillant, et une bourse de du-
cats suspendue à sa ceinture.

— Sur ma foi, ce dernier argument désarme tous mes
scrupules, et je renonce à mes objections, car il ne
m'appartient pas d'être d'un autre avis que Votre Excellence.

— En besogne donc! Mais un moment; il faut d'a-
bord mettre l'Église de notre bord. Le prêtre de Saint-
Paul a eu de l'humeur depuis quelque temps; il a dit
d'étranges choses dans sa chaire: il a parlé de nous,
comme si nous n'étions guère que des bandits et des
pillards; il a même eu deux fois l'insolence de me donner un avertissement, comme il l'appelle, en termes fort
audacieux. Le mieux serait de fendre là tête chauve de
ce mâtin grondeur; mais comme le Duc pourrait le
prendre en mauvaise part, le parti le plus sage est de
lui jeter un os à ronger.

— Ce peut être un ennemi dangereux, dit l'écuyer
hochant la tête; il a beaucoup d'influence sur l'esprit
du peuple.

— Bon, bon! je sais comment désarmer ce crâne
tonsuré. Qu'on me l'envoie, qu'on lui dise de venir me
parler ici. En attendant, que toutes nos forces soient

sous les armes ; que la redoute et la barrière soient gar-
nies d'archers ; qu'on en place d'autres dans les maisons de chaque côté de la rue ; qu'on la barricade
avec des chariots bien enchâssés ensemble, mais comme
par l'effet du hasard ; qu'on place une troupe de gail-
lards déterminés dedans et par derrière ces chariots.
Aussitôt que les marchands et les mulets seront entrés,
car c'est le point principal, qu'on lève le pont-levis,
qu'on baisse la herse, et qu'on envoie une volée de
flèches à ceux qui seront en dehors, s'ils font les mutins. Enfin, qu'on désarme et qu'on arrête ceux qui
seront entrés dans la ville. Et alors, Kilian......

— Et alors, dit l'écuyer, en vraies compagnies franches, nous enfoncerons nos mains jusqu'au poigne
dans les valises des Anglais.

— Et comme de joyeux chasseurs, nos bras jusqu'au
coude dans le sang des Suisses.

—Ils feront bonne contenance, quoi qu'il en soit. Ils
ont à leur tête ce Donnerhugel, dont nous avons entendu parler, et qu'on a surnommé le Jeune Ours de
Berne ; ils se défendront bien.

— Tant mieux, aimerais-tu mieux tuer des moutons,
que de chasser des loups ? Fi, Kilian ! tu n'étais pas
habitué à avoir tant de scrupules.

— Je n'en ai pas le moindre. Mais ces pertuisanes,
et ces épées à deux mains des Suisses, ne sont pas des
jouets d'enfans. Et si vous employez toute la garnison
à cette attaque, à qui Votre Excellence confiera-t-elle
la défense des autres portes et de toute la circonfé-
rence des murailles?

— Ferme les portes, tire les verrous, place les chaînes, et apporte-moi les clefs ici. Personne ne sortira de la ville avant que cette affaire soit terminée. Fais prendre les armes au nombre de bourgeois nécessaire pour garder les murailles, et qu'ils aient soin de bien s'en acquitter, ou je prononcerai contre eux une amende que je saurai leur faire payer.

— Ils murmureront. Ils disent que n'étant pas sujets du Duc, quoique la ville lui ait été donnée en gage, ils ne lui doivent aucun service militaire.

— Ils en ont menti, les lâches coquins! s'écria Archibald. Si je ne les ai guère employés jusqu'ici, c'est parce que je méprise leur aide; et je n'y aurais pas recours en ce moment, s'il s'agissait d'un service plus sérieux que de monter une garde et de regarder droit devant eux. Qu'ils songent à m'obéir, s'ils ont quelque égard pour leurs biens, pour leurs personnes et pour leurs familles.

— J'ai vu le méchant dans sa puissance fleurir comme le laurier, mais quand je suis revenu, il n'existait plus; je l'ai cherché et je ne l'ai pas trouvé, dit une voix forte derrière lui, en prononçant avec emphase ces paroles de la sainte Écriture.

Archibald Von Hagenbach se tourna brusquement, et rencontra le regard sombre et sinistre du prêtre de Saint-Paul, portant le costume de son ordre.

— Nous sommes en affaires, mon père, et nous vous écouterons sermonner une autre fois.

— Je viens ici par votre ordre, sire Gouverneur, sans

quoi je ne m'y serais pas présenté pour sermonner, comme vous le dites, sans aucune utilité.

— Ah! pardon, révérend père, s'écria Hagenbach; oui, je vous ai envoyé chercher pour vous demander vos prières, et votre intercession auprès de Notre-Dame et de saint Paul, pour obtenir leur protection dans une affaire qu'il est vraisemblable que nous allons avoir ce matin, et dans laquelle je prévois, comme dit le Lombard, *roba di guadagno* (1).

— Sire Gouverneur, répondit le prêtre d'un ton calme; j'espère que vous n'oubliez pas la nature des saints admis dans le séjour de la gloire, au point d'appeler leur bénédiction sur des exploits tels que ceux dont vous vous êtes occupé trop souvent depuis votre arrivée ici, événement qui, par lui-même, était un signe de la colère divine. Vous me permettrez même d'ajouter, tout humble que je suis, que la décence aurait dû vous empêcher de proposer à un serviteur des autels, de faire des prières pour le succès du vol et du pillage.

— Je vous comprends, mon père, et je vais vous le prouver. Tant que vous êtes sujet du Duc, vous devez, par suite des fonctions que vous remplissez, prier pour qu'il réussisse dans toutes ses entreprises conduites avec justice. Vous reconnaissez cette vérité; je le vois à la manière dont vous inclinez votre tête vénérable. Eh bien! je serai aussi raisonnable que vous l'êtes. Nous désirons l'intercession des saints et la vôtre, vous leur

(1) Du butin à gagner. — TR.

pieux orateur, dans une affaire à laquelle il faut arriver
par un chemin un peu détourné, une affaire dont la
nature est un peu équivoque, si vous le voulez; mais
croyez-vous que nous nous imaginions que nous avons
le droit de vous donner, ainsi qu'à eux, tant de peine
et d'embarras sans aucune marque de reconnaissance?
non sûrement. Je fais donc le vœu solennel que, si la
fortune m'est favorable ce matin, saint Paul aura un
devant d'autel, et un bassin d'argent plus ou moins
grand, suivant que mon butin le permettra; Notre-
Dame, une pièce de satin pour une robe et un collier
de perles pour les jours de fête; et vous, Révérend
Père, une vingtaine de pièces d'or d'Angleterre pour
vous récompenser d'avoir agi comme entremetteur
entre les saints et nous, nous reconnaissant indigne
de négocier directement avec eux en notre personne
profane. Et maintenant, sire Prêtre, nous entendons-
nous? Parlez, car je n'ai pas de temps à perdre. Je sais
parfaitement ce que vous pensez de moi; mais vous
voyez que, après tout, le diable n'est pas tout-à-fait
aussi noir qu'on le représente.

— Si nous nous entendons l'un l'autre? répéta le
prêtre de Saint-Paul, hélas non! et je crains bien que
nous ne nous entendions jamais. N'as-tu jamais ouï les
paroles adressées par le saint ermite Berchtold d'Of-
fringen à l'implacable reine Agnès, qui avait vengé avec
une sévérité si terrible l'assassinat de son père, l'empereur Albert?

— Non, sur ma foi; je n'ai étudié ni les chroniques

des empereurs, ni les légendes des ermites. C'est pourquoi, sire Prêtre, si ma proposition ne vous convient
pas, n'en parlons plus. Je ne suis pas habitué à prier
qu'on veuille bien accepter mes faveurs, ni à avoir affaire à des prêtres qui ont besoin d'être pressés quand
on leur offre un présent.

— Écoutez pourtant les paroles de ce saint homme,
sire Gouverneur. Le temps peut venir, et cela avant
peu, où vous entendriez bien volontiers ce que vous
rejetez maintenant avec mépris.

—Parle donc, mais sois bref; et sache que, quoique
tu puisses effrayer ou cajoler la canaille, tu parles en
ce moment à un homme ferme dans ses résolutions, et
que toute ton éloquence ne peut ébranler.

— Apprends donc qu'Agnès, fille d'Albert, assassi-
née, après avoir versé des flots de sang pour venger
le meurtre de son père, fonda enfin la riche abbaye de
Kœnigsfeldt ; et que pour donner à ce monastère plus
de droits à un renom de sainteté, elle fit elle-même un
pèlerinage à la cellule du saint ermite, et le pria d'ho-
norer son abbaye en y fixant sa résidence. Mais quelle
fut la réponse de l'anachorète? — Retire-toi, femme
impie; Dieu ne veut pas être servi par des mains san-
glantes, et il rejette les dons qui sont le fruit de la violence et du pillage. Le Tout-Puissant aime la merci, la
justice et l'humanité, et il ne veut avoir pour adora-
teurs que ceux qui pratiquent ces vertus! Et maintenant, Archibald Von Hagenbach, tu as été averti une
fois, deux fois, trois fois. Vis donc comme un homme

6

contre qui une sentence de condamnation a été prononcée, et qui doit s'attendre à la voir mettre à exécution.

Après avoir dit ces mots avec l'air et le ton de la me-
nace, le prêtre de Saint-Paul tourna le dos au gouverneur, et se retira. Le premier mouvement d'Archibald
fut d'ordonner qu'on l'arrêtât ; mais se rappelant les
suites sérieuses que pouvait avoir un acte de violence
exercé contre un membre du clergé, il le laissa partir
en paix, sachant qu'une tentative de vengeance serait
une témérité imprudente, attendu la haine qu'il avait
inspirée aux habitans. Il demanda donc une large coupe
de vin de Bourgogne qu'il vida jusqu'à la dernière
goutte, comme pour ensevelir en même temps son ressentiment dans son sein. Il venait de rendre la coupe à
Kilian, quand le soldat qui était de garde au haut de la
tour sonna du cor, signal qui annonçait l'arrivée de
quelques étrangers à la porte de la ville.

———

CHAPITRE XIV.

―

« Avant de me soumettre à cet affront, il faut
« Qu'on ait mis mon courage et ma force en défaut. »

SHAKSPEARE.

— Ce cor a sonné bien faiblement, dit Archibald Von Hagenbach en montant sur les remparts, d'où il pouvait voir ce qui se passait de l'autre côté de la porte. Et bien ! Kilian, qui nous arrive ?

Le fidèle écuyer accourait à lui pour lui porter la nouvelle.

— Deux hommes avec un mulet, Votre Exellence. Des marchands, à ce que je présume.

— Marchands ! Morbleu, drôle, tu veux dire des

portes-balles. A-t-on jamais entendu parler de marchands anglais, voyageant à pied, sans plus de bagage
qu'il n'en faut pour charger un mulet? Ce sont des men-
dians bohémiens, ou de ces gens que les Français nom-
ment Écossais. Les misérables! leur estomac sera aussi
vide en cette ville que le sont leurs bourses.

— Que Votre Excellence ne juge pas trop à la hâte;
de petites valises peuvent contenir des objets de grand
prix. Mais qu'ils soient riches ou pauvres, ce sont nos
gens; du moins ils répondent au signalement qu'on
m'en a fait. Le plus âgé, d'assez bonne taille, visage
basané, paraissant avoir environ cinquante-cinq ans,
et barbe grisonnante; le plus jeune environ vingt-deux
ans, taille plus grande que son compagnon, bien fait,
moustaches brun-clair, point de barbe au menton.

— Qu'on les fasse entrer, dit le gouverneur en se
préparant à descendre du rempart, et qu'on les amène
dans la *Folter-kammer* (1) de la douane.

Il se rendit lui-même sur-le-champ dans le lieu dési-
gné. C'était un appartement situé dans la grande tour
qui défendait la porte de l'Orient, et dans lequel étaient
déposés divers instrumens de torture, dont le gouverneur, aussi cruel que rapace, faisait usage contre les
prisonniers dont il voulait tirer du butin ou des informations. Il entra dans cette chambre dans laquelle un
demi-jour seulement pouvait pénétrer, et qui était couverte d'un toit gothique très-élevé qu'on ne voyait

(1) Chambre de torture. — Tr.

qu'imparfaitement, mais où étaient suspendues des
cordes dont le bout se terminait par un nœud coulant,
et qui étaient en rapport effrayant avec divers instrumens de fer rouillé, attachés le long des murs, ou jetés
çà et là sur le plancher.

Un faible rayon de lumière, pénétrant à travers une
des barbacanes qui formaient les seules croisées de cet
appartement, tombait sur un homme de haute taille, à
visage basané, assis dans ce qui aurait été, sans cet éclair
de clarté, un coin obscur de cette chambre. Il portait
un costume de drap écarlate, avait la tête nue, et couverte d'une forêt de cheveux noirs que le temps commençait à blanchir. Il était occupé à fourbir un sabre
à deux mains, d'une forme particulière, et dont la lame
était plus large et beaucoup plus courte que celle des
armes de même espèce dont se servaient les Suisses,
comme nous l'avons dit. Sa tâche absorbait tellement
toutes ses idées, qu'il tressaillit quand la porte pesante
s'ouvrit en criant sur ses gonds. Son sabre lui échappa
des mains, et tomba sur le carreau avec grand bruit.

— Ah, *Scherfrichter* (1), dit le gouverneur en entrant,
tu te prépares à remplir tes fonctions?

— Il conviendrait mal au serviteur de Votre Excellence d'être trouvé sans y être prêt. Mais le prisonnier
n'est pas loin, à en juger par la chute de mon sabre, ce
qui annonce toujours la présence de celui qui doit en
sentir le tranchant.

(1) Exécuteur des hautes-œuvres. — TR.

6.

— Il est vrai que les prisonniers ne sont pas loin, Francis; mais ton présage t'a trompé. Ce sont des misérables pour qui une bonne corde suffira, car ton sabre n'a soif que de sang noble.

— Tant pis pour Francis Steinernherz ! j'espérais que Votre Excellence, qui a toujours été pour moi un bon maître, aurait fait de moi aujourd'hui un noble.

— Un noble ! as-tu perdu l'esprit ? Toi noble !

— Et pourquoi non, sire Archibald Von Hagenbach? Je crois que le nom de Francis Steinernherz *Von* Blutacker (1), étant bien et légitimement gagné, convient à la noblesse tout aussi bien qu'un autre. Ne me regardez pas avec cet air surpris. Quand un homme de ma profession a rempli ses fonctions à l'égard de neuf individus de noble naissance, avec la même arme, et sans donner plus d'un coup à chaque patient, n'a-t-il pas droit à une exemption de toutes taxes et à des lettres de noblesse ?

— La loi le dit ainsi; mais c'est plutôt par dérision que sérieusement, je crois, car on n'a jamais vu personne en réclamer l'application.

— Cela n'en sera que plus glorieux pour celui qui sera le premier à demander les honneurs dus à un sabre bien affilé et à un poignet vigoureux et adroit. Moi, Francis Steinernherz, je serai le premier noble de ma profession, quand j'aurai dépêché encore un chevalier de l'Empire.

(1) François Cœur-de-Pierre de Champ-de-Sang. — Tᴿ.

— Tu as toujours été à mon service, n'est-il pas vrai ?

— Sous quel autre maître aurais-je trouvé l'avantage de pouvoir m'entretenir la main par une pratique si constante ? J'ai exécuté vos sentences de condamnation depuis que je suis en état de manière les verges, de lever une barre de fer, et de brandir cette arme fidèle. Qui peut dire que j'aie jamais manqué ma besogne du premier coup ; que j'aie été une seule fois obligé d'en frapper un second ? Tristan de l'Hospital et ses fameux aides, Petit-André et Trois-Eschelles (1), ne sont que novices comparés à moi dans le maniement du noble sabre ; car, morbleu, quant au poignard et à la corde, qu'on emploie dans les camps et en campagne, je serais honteux de descendre à leur niveau ; ces exploits-là ne sont pas dignes d'un chrétien qui veut s'élever aux honneurs de la noblesse.

— Tu es un drôle qui ne manque pas d'adresse, je ne le nierai pas. Mais il n'est pas possible, je l'espère du moins, que, tandis que le sang noble devient rare dans le pays, et que des manans orgueilleux veulent dominer sur les chevaliers et les barons, j'en aie fait répandre moi seul une si grande quantité.

— Je vais faire à Votre Excellence l'énumération de mes patiens, par leurs noms et qualités, dit Francis, prenant un rouleau de parchemin, et accompagnant sa lecture d'un commentaire. 1° Le comte Guillaume d'El-

(1) Fameux personnages qui jouent un rôle dans le *Quentin Durward* de sir Walter Scott. — ED.

vershoe : ce fut mon coup d'essai. Charmant jeune homme, et qui mourut en excellent chrétien.

— Je m'en souviens, il avait fait la cour à ma maîtresse.

— Il mourut le jour de saint Jude, l'an de grace 1445.

— Continue, mais dispense-toi des dates.

— Sire Miles de Stockenbourg.

— Il avait volé mes bestiaux.

— Sire Louis de Riesenfeldt.

— Il faisait l'amour à ma femme.

— Les trois iung-herrn (1) de Lammerbourg. Vous avez fait perdre au comte, leur père, tous ses enfans en un seul jour.

— Et il m'a fait perdre toutes mes terres; partant c'est un compte réglé. — Tu n'as pas besoin d'en dire davantage; j'admets l'exactitude de ton compte, quoiqu'il soit écrit en lettres un peu rouges. Mais je ne comptais ces trois jeunes gens que pour une exécution.

— Votre Excellence me faisait grand tort, il m'en a coûté trois bons coups de mon bon sabre.

— A la bonne heure, et que leurs ames soient avec Dieu! Mais il faut que ton ambition dorme encore quelque temps, Sharfrichter, car ce qui nous arrive aujourd'hui n'est bon que pour le cachot ou la corde, peut-être un tantinet de torture; il n'y a pas d'honneur à acquérir.

— Tant pis pour moi! j'avais certainement rêvé que

___

(1) Jeunes messieurs. — Tr.

Votre Excellence devait me rendre noble aujourd'hui. Et puis la chute de mon sabre....

— Bois un flacon de vin , et oublie tes augures.

— Avec votre permission, je n'en ferai rien. Boire avant midi, ce serait risquer de me rendre la main moins sûre.

— Eh bien ! garde le silence, et songe à ton devoir.

Francis prit son sabre, en essuya la lame avec un soin révérencieux, se retira dans un coin de la chambre, et y resta debout, les deux mains appuyées sur la poignée de l'arme fatale.

Presque au même instant, Kilian arriva, à la tête de six soldats, conduisant les deux Philipsons auxquels on avait lié les mains avec des cordes.

— Approchez-moi une chaise, dit le gouverneur; et il s'assit gravement devant une table sur laquelle était placé tout ce qu'il fallait pour écrire. Qui sont ces deux hommes, Kilian, et pourquoi sont-ils garottés ?

— S'il plaît à votre Excellence, dit Kilian avec un air de profond respect tout différent du ton presque familier avec lequel il parlait à son maître quand ils étaient tête à tête, nous avions cru convenable que ces deux étrangers ne parussent pas armés en votre présence; et quand nous les avons requis de nous remettre leurs armes à la porte, comme c'est l'usage en cette place, ce jeune homme a fait résistance. Je conviens pourtant qu'à l'ordre de son père il a rendu son arme.

— Cela est faux ! s'écria Arthur; mais Philipson lui

fit signe de garder le silence, et il obéit sur-le-champ.

— Noble seigneur, dit le père, nous sommes étrangers, et nous ne pouvons connaître les réglemens de cette citadelle; nous sommes Anglais, et par conséquent peu accoutumés à souffrir une insulte personnelle; nous espérons donc que vous nous trouverez excusables, quand vous saurez que nous nous sommes vus rudement saisis à l'improviste, nous ne savions par qui. Mon fils, qui est jeune et irréfléchi, porta la main à son épée, mais il ne songea plus à se défendre, au premier signe que je lui fis, et, bien loin d'en frapper un seul coup, il ne la fit pas même entièrement sortir du fourreau. Quant à moi, je suis marchand, accoutumé à me soumettre aux lois et coutumes des pays dans lesquels je fais mon commerce. Je suis sur le territoire du duc de Bourgogne, et je sais que ses lois et réglemens ne peuvent être que justes et raisonnables. Il est l'allié puissant et fidèle de l'Angleterre, et quand je me trouve à l'ombre de sa bannière, je ne crains rien.

— Hem! hem! dit Hagenbach, un peu déconcerté par le sang-froid de l'Anglais, et se rappelant peut-être que Charles de Bourgogne, à moins que ses passions ne fussent excitées, comme c'était le cas à l'égard des Suisses, qu'il détestait, désirait avoir la réputation d'un prince juste, quoique sévère; ce sont de bonnes paroles, mais elles ne peuvent justifier de mauvaises actions. Vous avez tiré l'épée en rébellion contre les soldats du Duc, tandis qu'ils exécutaient leur consigne.

— Sûrement, noble seigneur, répondit Philipson,

c'est interpréter bien sévèrement une action toute naturelle. Mais, en un mot, si vous êtes disposé à la ri-
gueur, le fait d'avoir tiré l'épée, ou, pour mieux dire,
d'avoir fait un geste pour la tirer, dans une ville de
garnison, n'est punissable que par une amende pécuniaire, et nous sommes disposés à la payer, si telle est
votre volonté.

— Sur ma foi, dit Kilian à l'exécuteur des hautes
œuvres, à côté duquel il s'était placé un peu à part des
autres, voilà un sot mouton, qui offre volontairement
sa toison pour qu'on la tonde.

— Je doute qu'elle serve de rançon à son cou, sire
écuyer, répondit Francis Steinernherz; car j'ai rêvé la
nuit dernière, voyez-vous, que notre maître me faisait
noble, et la chute de mon sabre m'a appris que c'est cet
homme qui doit m'élever à la noblesse. Il faut qu'il
donne aujourd'hui même de l'occupation à mon bon
sabre.

— Comment, fou, ambitieux! cet homme n'est pas
noble; ce n'est qu'un colporteur; rien de plus qu'un
bourgeois anglais.

— Tu te trompes, sire écuyer. Tu n'as jamais fixé
les yeux sur les hommes qui sont prêts à mourir.

— Tu crois cela? N'ai-je donc pas été présent à cinq
batailles rangées, sans compter des escarmouches et
des embuscades innombrables?

—Ce n'est pas là l'épreuve du courage. Tous les hommes combattront quand ils se trouveront rangés les uns
en face des autres. Les plus misérables roquets, les coqs

élévés sur le fumier, en feront tout autant. Mais celui-
là est brave et noble, qui peut regarder le bloc et l'é-
chafaud, le prêtre qui lui donne l'absolution, et l'exécuteur dont le bon sabre va l'abattre dans toute sa force,
comme il regarderait la chose la plus indifférente; et
l'homme que tu vois est de cette trempe.

— A la bonne heure, Francis; mais cet homme n'a
pas sous les yeux un appareil si formidable. Il ne voit
que notre illustre maître Archibald Von Hagenbach.

— Et celui qui voit Archibald Von Hagenbach, si
c'est un homme de bon sens et de discernement, comme
celui-ci l'est indubitablement, ne voit-il pas l'exécuteur et son sabre? Assurément ce prisonnier le sent
très-bien, et le calme qu'il montre, malgré cette con-
viction, est une preuve qu'il est de sang noble, ou
puissé-je n'obtenir jamais les honneurs de la noblesse.

— Je présume que notre maître en viendra à un com-
promis avec lui. Voyez, il le regarde en souriant.

— Si cela arrive, dit l'exécuteur, ne comptez jamais
sur mon jugement; il y a dans l'œil de notre patron un
regard qui annonce le sang, aussi sûrement que l'étoile
du Grand-Chien prédit la peste.

Tandis que ces deux serviteurs d'Hagenbach parlaient ainsi à part, leur maître faisait aux prisonniers
une foule de questions insidieuses sur leurs affaires en
Suisse, sur leur liaison avec le Landamman, et sur
les motifs qui les conduisaient en Bourgogne. Philipson
avait répondu à toutes les parties de cet interrogatoire
d'une manière claire et précise, à l'exception de la

dernière. Il allait en Bourgogne, dit-il, pour les affaires
de son commerce. Ses marchandises étaient à la disposition du gouverneur ; il pouvait en prendre une partie,
même la totalité, suivant qu'il voudrait en être respon-
sable à son maître. Mais son affaire avec le Duc était
d'une nature privée, ayant rapport à des intérêts de
commerce particuliers, et qui concernaient d'autres
personnes indépendamment de lui-même. Il déclara
qu'il ne communiquerait cette affaire qu'au Duc seul,
et ajouta d'un ton ferme que, s'il souffrait quelque
mauvais traitement en sa personne ou celle de son fils,
le mécontentement très-sérieux du Duc en serait la
suite inévitable.

La fermeté du prisonnier mettait évidemment Hagenbach dans un grand embarras, et plus d'une fois il
consulta sa bouteille, son oracle infaillible dans des
cas très-difficiles. Philipson lui avait remis, à sa première réquisition, la liste ou facture de toutes ses marchandises, et elles avaient quelque chose de si séduisant
que le gouverneur semblait déjà s'en emparer des
yeux.

Après avoir été plongé quelques instans dans de
profondes réflexions, il leva la tête, et parla ainsi qu'il
suit :

— Vous devez savoir, sire marchand, que le bon
plaisir du Duc est qu'aucunes marchandises suisses ne
passent sur son territoire. Cependant vous avez, de
votre propre aveu, séjourné quelque temps dans ce
pays, et vous êtes venu ici en compagnie de certaines

gens qui se disent députés suisses. Je suis donc auto-
risé à croire que ces marchandises précieuses leur ap-
partiennent, plutôt qu'à un homme qui a l'air aussi
pauvre que vous; et si je voulais demander une satisfaction pécuniaire, trois cents pièces d'or ne seraient pas
une amende trop forte pour une conduite aussi auda-
cieuse que la vôtre, après quoi vous pourriez aller rôder
où vous voudriez, avec le reste de vos marchandises,
pourvu que ce ne fût pas en Bourgogne.

— Mais c'est précisément la Bourgogne qui est le but
de mon voyage, dit Philipson; c'est en présence du Duc
que je dois me rendre. Si je ne puis y aller, mon voyage
est inutile, et le mécontentement du Duc tombera certainement sur ceux qui pourront y mettre obstacle;
car je dois informer Votre Excellence que le Duc est déjà
instruit de mon voyage, et il fera une stricte enquête
pour savoir dans quel lieu et par quelles personnes
j'aurai été mis dans l'impossibilité de le continuer.

Le gouverneur garda encore le silence, cherchant le
moyen de satisfaire sa rapacité sans compromettre
sa sûreté personnelle. Après quelques minutes de réflexion, il s'adressa de nouveau au prisonnier.

— Tu racontes ton histoire d'un ton fort positif,
l'ami, mais l'ordre que j'ai reçu d'empêcher le passage
des marchandises suisses ne l'est pas moins. Que feras-
tu, si je mets en fourrière ton bagage et ton mulet?

— Je ne puis résister au pouvoir de Votre Excellence.
Faites tout ce qu'il vous plaira. En ce cas je me trans-
porterai jusqu'au pied du trône du Duc, pour lui rendre

compte de la commission dont je suis chargé, et de ma conduite.

— Et de la mienne aussi, n'est-ce pas ? c'est-à-dire que tu iras porter une plainte au Duc contre le gouverneur de la Férette, pour avoir exécuté ses ordres trop strictement ?

— Sur ma vie et sur mon honneur, je ne lui ferai aucune plainte. Laissez-moi seulement mon argent comptant, sans lequel il me serait bien difficile de me rendre à la cour du Duc, et je ne songerai pas plus à ces marchandises que le cerf ne songe aux bois qu'il a jetés l'année précédente.

Le gouverneur secoua la tête d'un air qui annonçait qu'il conservait encore des soupçons.

— On ne peut avoir confiance en des hommes qui sont dans ta situation, et ce serait folie de croire qu'ils la méritent. Les marchandises que tu dois remettre au Duc en mains propres, en quoi consistent-elles ?

— Elles sont sous un sceau, répondit l'Anglais.

— Elles sont de grande valeur, sans doute ?

— Je ne puis le dire; je sais que le Duc y met beaucoup de prix; mais Votre Excellence sait que les grands hommes attachent quelquefois une immense valeur à des bagatelles.

— Les portes-tu sur toi? Prends bien garde à la manière dont tu vas me répondre. Regarde ces instrumens qui sont autour de toi, ils ont le pouvoir de rendre la parole à un muet, et songe que j'ai celui d'en essayer l'influence sur toi.

— Et sachez que j'aurai le courage de souffrir toutes les tortures auxquelles vous pourrez me soumettre, répondit Philipson avec le même sang-froid imperturbable qu'il avait montré pendant tout cet interrogatoire.

— Souviens-toi aussi que je puis faire fouiller ta personne aussi exactement que tes malles et tes valises.

— Je me souviens que je suis entièrement en votre pouvoir; et pour ne vous laisser aucun prétexte d'en venir à des voies de fait contre un voyageur paisible, je vous dirai que le paquet destiné au Duc est sur ma poitrine, dans une poche de mon pourpoint.

— Remets-le-moi.

— J'ai les mains liées, et par l'honneur, et par vos cordes.

— Arrache-le de son sein, Kilian; voyons ce dont il parle.

— Si la résistance m'était possible, s'écria Philipson, vous m'arracheriez plutôt le cœur. Mais je prie tous ceux qui sont ici de remarquer que le sceau en est entier et intact, au moment où on me l'enlève par violence.

En parlant ainsi, il jeta un coup d'œil sur les soldats qui l'avaient amené, et dont Hagenbach avait oublié la présence.

— Comment, chien! s'écria Archibald s'abandonnant à sa colère; veux-tu exciter mes hommes d'armes à la mutinerie? Kilian, fais sortir les soldats.

En parlant ainsi, il plaça à la hâte sous sa robe de

chambre le petit paquet, scellé avec grand soin, que son écuyer venait de prendre au marchand. Les soldats se retirèrent, mais à pas lents, et en jetant un regard en arrière, comme des enfans qui regardent des marionnettes, et qu'on emmène avant que le spectacle soit fini.

— Eh bien! drôle, reprit Hagenbach, nous voici plus en particulier à présent: veux-tu me parler plus franchement, et me dire ce que contient ce paquet, et qui te l'a remis?

— Quand toute votre garnison serait assemblée dans cette chambre, je ne pourrais que vous répéter ce que je vous ai déjà dit. Je ne sais pas précisément ce que contient ce paquet. Quant à la personne qui m'en a chargé, je ne la nommerai pas; j'y suis déterminé.

— Ton fils sera peut-être plus complaisant.

— Il ne peut vous dire ce qu'il ne sait pas.

— La torture vous fera peut-être retrouver vos langues à tous deux. Nous commencerons par ce jeune drôle, Kilian; tu sais que nous avons vu des hommes fermes faiblir en voyant disloquer les membres de leurs enfans, tandis qu'ils auraient laissé arracher leur vieille chair de leurs os sans sourciller.

— Vous pouvez en faire l'épreuve, dit Arthur, le ciel me donnera de la force pour l'endurer.

— Et moi du courage pour en être témoin, ajouta Philipson.

Pendant tout ce temps le gouverneur tournait et retournait dans sa main le petit paquet, en examinant

chaque pli avec curiosité, et regrettant sans doute en
secret que quelques gouttes de cire empreintes d'un
sceau, jetées sur une enveloppe de satin cramoisi retenue par un fil de soie, empêchassent ses yeux avides
de voir le trésor qu'il contenait, comme il n'en doutait
pas. Enfin il fit rappeler les soldats, leur ordonna d'em-
mener les prisonniers, de les enfermer dans des cachots
séparés, et de veiller sur eux avec le plus grand soin,
et surtout sur le père.

—Je vous prends tous à témoin, s'écria Philipson,
méprisant les signes menaçans d'Archibald, que le gouverneur m'a enlevé par force un paquet adressé à son
Seigneur et maître le duc de Bourgogne.

Hagenbach écuma de rage.

—Et ne devais-je pas l'enlever? s'écria-t-il d'une voix
que la fureur rendait inarticulée. Un paquet suspect
trouvé sur la personne d'un homme qui l'est encore
plus, ne peut-il pas couvrir quelque infame tentative
contre la vie de notre très-gracieux souverain? N'avons-
nous jamais entendu parler de poisons qui opèrent par
l'odorat? Nous qui gardons en quelque sorte la porte
des domaines du duc de Bourgogne, y laisserons-nous
introduire ce qui peut priver l'Europe de la fleur de la
chevalerie, la Bourgogne de son prince, la Flandre de
son père? Non! soldats, emmenez ces deux mécréans;
qu'on les jette dans les cachots les plus profonds, qu'ils
soient séparés, et qu'on veille sur eux avec grande attention. C'est une trahison tramée de complicité avec
Berne et Soleure.

Archibald Von Hagenbach, s'abandonnant à tout son emportement, continua à crier ainsi à voix haute, et le visage enflammé, jusqu'au moment où l'on cessa d'entendre le bruit des pas et le cliquetis des armes des soldats qui se retiraient avec les prisonniers. Alors son teint devint plus pâle que de coutume, il fronça les sourcils, l'inquiétude rida son front, il baissa la voix, parut hésiter, et enfin dit à son écuyer :

— Kilian, nous marchons sur une planche glissante, et nous avons sous nos pieds un torrent furieux. Que devons-nous faire?

— Morbleu! avancer d'un pas ferme, mais prudent, répondit l'astucieux écuyer. Il est fâcheux que ces soldats aient vu ce paquet, et aient entendu ce que vient de dire ce marchand à nerfs d'acier. Mais ce malheur est arrivé, et ce paquet ayant été vu dans les mains de Votre Excellence, vous aurez tout l'honneur de l'avoir ouvert, quand même vous le rendriez avec le sceau aussi intact que lorsque vous l'avez reçu. On supposerait seulement que vous avez eu assez d'adresse pour ouvrir le paquet sans le rompre ou pour le remplacer artistement. Voyons donc ce qu'il contient avant de décider ce qu'il faut faire du contenu. Ce doit être quelque chose de grande valeur, puisque ce coquin de marchand consentait à abandonner toutes ses riches marchandises, pourvu que ce précieux paquet pût passer sans être examiné.

— Il est possible, répondit Hagenbach, qu'il contienne des papiers relatifs aux affaires politiques. De semblables pièces, et de haute importance, voyagent souvent entre Richard d'Angleterre et le Duc notre maître.

— Si ce sont des papiers importans pour le Duc, nous pouvons les envoyer à Dijon. Ils peuvent même être de telle nature que Louis, roi de France, les paierait volontiers leur poids d'or.

— Fi donc! Kilian! voudrais-tu que je vendisse les secrets de mon maître au roi de France? J'aimerais mieux placer ma tête sur le bloc.

— Vraiment? cependant Votre Excellence ne se fait pas scrupule de....

L'écuyer n'acheva pas sa phrase, probablement de crainte d'offenser son patron en parlant de ses manœuvres d'une manière trop franche et trop intelligible.

— De piller le Duc, veux-tu dire, impudent coquin? dit Hagenbach. En parlant ainsi, tu te montrerais aussi sot que tu l'es ordinairement. Je prends ma part du butin fait sur les étrangers par ordre du Duc, et rien n'est plus juste. Le chien et le faucon prennent la leur de la proie qu'ils ont attaquée, et même la part du lion, à moins que le chasseur et le fauconnier ne soient trop près. Ce sont les profits de mon rang, et le Duc, qui m'a placé ici pour satisfaire son ressentiment et rétablir ma fortune, n'en fait pas un reproche à son fidèle serviteur. Et dans le fait, dans toute l'étendue du territoire de la Férette, je suis le représentant du Duc, ou, comme on peut le dire, *alter ego* (1). Et c'est pourquoi

(1) Un autre lui-même. — Tr.

j'ouvrirai ce paquet, qui, lui étant adressé, m'est par conséquent également adressé à moi-même.

Ayant ainsi parlé, comme pour se convaincre de son autorité, il coupa les fils de soie qui entouraient le paquet, déploya le satin qui en formait l'enveloppe, et y trouva une très-petite boîte de bois de sandal..

— Il faut que le contenu soit d'une grande valeur, dit-il, car il occupe bien peu de place.

A ces mots, il pressa un ressort, et, la boîte s'ouvrant, laissa voir un collier de brillans remarquables par leur éclat et leur grosseur, et paraissant d'une valeur extraordinaire. Les yeux du gouverneur rapace et ceux de son confident non moins intéressé furent tellement éblouis par l'éclat inusité de ces bijoux, que pendant quelque temps ils ne purent exprimer que la joie et la surprise.

— Morbleu! s'écria Kilian, l'obstiné vieux coquin avait de bonnes raisons pour être si opiniâtre. J'aurais moi-même subi une minute ou deux de torture avant de livrer de pareils bijoux. Et maintenant Votre Excellence permet-elle à son fidèle serviteur de lui demander comment ce butin sera partagé entre le Duc et son gouverneur, suivant les règles usitées dans les villes de garnison?

— Sur ma foi, Kilian, nous supposerons la ville prise d'assaut; et dans une ville prise d'assaut, comme tu le sais, celui qui trouve quelque chose prend la totalité, sans oublier pourtant ses fidèles serviteurs.

— Comme moi, par exemple, dit Kilian.

— Et comme moi, par exemple, répéta une autre voix, qui semblait l'écho de celle de l'écuyer, et qui partait du coin le plus obscur de l'appartement.

— Par la mort! quelqu'un nous écoutait! s'écria le gouverneur en tressaillant et en portant la main à son poignard.

— Seulement un fidèle serviteur, comme le disait Votre Excellence, reprit l'exécuteur des hautes œuvres, en s'avançant à pas lents.

— Misérable! comment oses-tu m'épier ainsi? s'écria le gouverneur.

— Que Votre Excellence ne s'en inquiète pas, dit Kilian. L'honnête Steinernherz n'a de langue pour parler et d'oreilles pour entendre que suivant le bon plaisir de Votre Excellence. D'ailleurs nous avions besoin de l'admettre dans nos conseils, car il faut dépêcher ces marchands, et sans délai.

— Vraiment! dit Hagenbach; j'avais cru qu'on pouvait les épargner.

— Pour qu'ils aillent dire au duc de Bourgogne de quelle manière le gouverneur de la Férette tient compte à son trésorier du produit des droits perçus et des confiscations prononcées à la douane?

— Tu as raison, Kilian. Les morts n'ont ni dents ni langue; ils ne peuvent ni mordre, ni rien rapporter. *Scharfrichter*, tu auras soin d'eux.

— Bien volontiers, répondit l'exécuteur, mais à condition que si ce doit être une exécution secrète, ce que j'appelle pratique de cave, mon droit de réclamer la noblesse me sera expressément réservé, et que l'exécution sera déclarée aussi valable, quant à mes droits, que si elle eût eu lieu sur la place publique, et par le tranchant honorable de mon sabre officiel.

Hagenbach le regarda d'un air qui semblait annoncer qu'il ne le comprenait pas; et Kilian, s'en apercevant, lui expliqua que le *Scharfrichter* s'était persuadé, d'après la conduite ferme et intrépide du plus âgé des deux prisonniers, que c'était un homme de sang noble, et que par conséquent sa décollation lui procurerait tous les avantages promis à l'exécuteur qui aurait rempli ses fonctions sur neuf hommes d'illustre naissance.

— Il pourrait avoir raison, dit Archibald, car voici un morceau de parchemin sur lequel on recommande au Duc le porteur de ce collier, et on le prie d'accepter ce bijou comme un gage qui lui est envoyé par quelqu'un dont il est bien connu, et de donner au porteur pleine croyance, en tout ce qu'il lui dira de la part de ceux qui l'envoient.

— Par qui est signé ce billet, si je puis prendre la liberté de vous faire cette question? demanda Kilian.

— Il n'y a pas de signature. Il faut supposer que la vue du collier, ou peut-être le caractère de l'écriture, doit apprendre au Duc quel est celui qui lui écrit.

— Et il est probable qu'il n'aura pas tout à l'heure l'occasion d'exercer son imagination sur l'un ni sur l'autre.

Hagenbach jeta un coup d'œil sur les diamans, en souriant d'un air sombre. L'exécuteur des hautes œuvres, encouragé à continuer un ton de familiarité qu'il avait en quelque sorte forcé le gouverneur à souffrir, en revint à son sujet favori, et insista sur la noblesse du prétendu marchand. Il soutint qu'il était impossible qu'on eût confié à un homme de basse naissance des bijoux si précieux, et qu'on lui eût donné une lettre de créance si illimitée.

—Tu te trompes, fou que tu es, dit Hagenbach. Les rois aujourd'hui emploient les instrumens les plus vils pour les fonctions les plus élevées. Louis en a donné l'exemple en faisant faire par son barbier et par ses valets de chambre ce dont étaient chargés autrefois les ducs et pairs; et d'autres monarques commencent à penser que dans le choix de leurs agens pour leurs affaires importantes, il vaut mieux consulter la qualité de la cervelle des hommes que celle de leur sang. Quant à l'air de fermeté et de hardiesse qui distingue ce vieux drôle à tes yeux, ignorant que tu es, il appartient à son pays et non à son rang. Tu t'imagines qu'il en est de l'Angleterre comme de la Flandre, où un bourgeois de Gand, un citadin de Liège ou d'Ypres, est un animal aussi différent d'un chevalier du Hainaut, que l'est un cheval de trait de Flandre d'un genêt d'Espagne. Mais tu es dans l'erreur. L'Angleterre possède maint marchand qui a le cœur aussi fier, le bras aussi prompt qu'aucun noble né dans son riche et fertile sein. Mais ne te décourage pas, archifou; fais ta besogne comme il faut avec ces marchands; nous aurons bientôt entre nos mains le Landamman d'Underwald: il est paysan

par choix, mais il est noble de naissance, et sa mort
bien méritée t'aidera à te laver de la crasse dont tu es
las d'être encroûté.

— Votre Excellence ne ferait-elle pas mieux d'ajour-
ner le destin de ces marchands, demanda Kilian, jusqu'à ce que nous ayons appris quelque chose sur leur
compte, des prisonniers suisses que nous allons avoir
tout à l'heure en notre pouvoir?

— Comme tu le voudras, dit Hagenbach en secouant
le bras, comme pour écarter de lui quelque tâche désagréable; mais que cela finisse, et que je n'en entende
plus parler.

Les satellites farouches saluèrent en signe d'obéis-
sance, et le conclave sanguinaire se sépara; le chef em-
portant soigneusement les bijoux précieux qu'il voulait
s'approprier au prix d'une trahison envers le souverain
au service duquel il était entré, et du sang de deux
hommes innocens. Cependant, avec cette faiblesse d'esprit qui n'est pas très-rare chez les grands criminels, il
cherchait à effacer de son souvenir l'idée de sa bassesse
et de sa cruauté, ainsi que le sentiment du déshonneur
dont le couvrait sa conduite en chargeant de l'exécution immédiate de ses ordres atroces des agens subal-
ternes.

CHAPITRE XV.

———

« Et ce sont nos aïeux
« Qui pour l'homme ont construit ce cachot ténébreux »
Ancienne Comédie

La prison dans laquelle on conduisit Arthur Philipson était un de ces cachots ténébreux qui accusent l'inhumanité de nos ancêtres. On dirait qu'ils étaient presque incapables de distinguer entre l'innocence et le crime, puisque une simple accusation avait, de leur temps, des conséquences bien plus sévères que ne l'est aujourd'hui cette espèce d'emprisonnement prononcé comme la punition expresse du crime.

Le cachot d'Arthur était d'une longueur assez considérable, mais étroit, obscur, et creusé dans le roc sur

lequel s'élevait la tour. Une petite lampe lui fut laissée,
comme une grace sans conséquence, mais il resta garotté, et quand il demanda un peu d'eau, un des
satellites farouches qui l'avaient conduit en ce lieu lui
répondit brusquement que, pour le temps qu'il avait
à vivre, il pouvait bien souffrir la soif. Cette sombre
réponse fut pour lui un augure que sa soif durerait autant que sa vie, mais pour finir promptement l'une et
l'autre. A la faible lueur de sa lampe, Arthur s'était
avancé vers un banc grossièrement taillé dans le roc,
et, ses yeux s'étant accoutumés peu à peu à l'obscurité
du cachot, il aperçut dans la pierre qui en formait le
plancher une espèce de large fente ressemblant assez à
l'ouverture d'un puits, mais de forme irrégulière, et
paraissant plutôt celle d'un gouffre creusé d'abord par
la nature, et agrandi par le travail des hommes.

— Voici donc mon lit de mort, se dit-il à lui-même,
et ce gouffre est peut-être la tombe destinée à mes
restes! j'ai même entendu dire que des prisonniers
avaient été précipités tout vivans dans de semblables
abimes, pour y mourir lentement froissés de leur chute,
sans que personne entendit leurs gémissemens ou plai-
gnît leur destin!

S'approchant de cette sinistre cavité, il entendit, à
une grande profondeur, un son qui lui parut celui
d'une eau souterraine dont le sombre murmure semblait
demander sa victime. La mort est effrayante à tout âge;
mais dans le printemps de la vie, quand on sent le prix
de tous les plaisirs qu'elle offre, être arraché violem-

ment au banquet auquel on vient à peine de s'asseoir,
c'est alors que la mort est déjà pleine d'amertume,
même quand elle arrive d'après le cours ordinaire de
la nature. Mais être assis, comme l'était Arthur, sur le
bord d'un abîme souterrain ; chercher, avec une horrible incertitude, sous quelle forme elle allait s'approcher
de lui, c'était une situation capable d'abattre le courage
de l'homme le plus brave, et l'infortuné prisonnier se
trouva hors d'état de retenir le torrent de larmes qui
coulaient de ses yeux, et que ne pouvaient essuyer ses
mains garottées. Nous avons déjà dit que, quoique ce
jeune homme fût intrépide dans les périls que peut
combattre et surmonter la force de l'ame, il avait une
imagination ardente et susceptible de se prêter à toutes
les exagérations qui exaltent dans une situation pénible
et incertaine celui qui ne peut plus qu'attendre le malheur en victime dévouée.

Cependant les sentimens d'Arthur n'avaient rien
d'égoïste. Ses pensées se reportaient sur son père, dont
le caractère noble et juste était fait pour attirer le respect, comme ses soins constans et son affection paternelle devaient exciter l'amour et la reconnaissance. Il
était aussi entre les mains de scélérats inaccessibles aux
remords, et déterminés à recourir au meurtre pour
cacher le vol. Ce bon père, qui avait montré un' tel
courage dans tant de dangers, une telle résolution dans
tant de rencontres, il était, comme lui, garotté, sans
défense, exposé aux coups de l'être le plus vil qui voudrait le poignarder.

Arthur se rappela aussi la cime du rocher voisin de Geierstein, et le vautour farouche qui semblait le réclamer comme sa proie. Mais, dans ce cachot, il ne verrait pas un ange sortir comme d'un nuage, pour venir lui indiquer des moyens de salut. Ici les ténèbres étaient souterraines et éternelles; elles ne lui permettaient que de voir briller, à la lueur de la lampe, l'acier de l'arme dont un scélérat viendrait lui porter un coup fatal. Cette angoisse se prolongea au point qu'elle lui devint insupportable. Il se leva, et fit de si violens efforts pour se délivrer de ses liens, qu'ils semblaient devoir se rompre, comme ceux dont avait été chargé le Fort d'Israël. Mais les cordes étaient trop solides, et après de furieuses tentatives qui les faisaient presque entrer dans sa chair, il perdit l'équilibre, et tomba à la renverse, à deux pas du gouffre, avec la crainte horrible d'y être précipité.

Il échappa heureusement au danger qu'il craignait, mais il s'en fallut de si peu qu'il ne tombât réellement dans cet abîme, que sa tête frappa contre un rebord peu élevé qui en entourait en partie l'ouverture. Il resta quelques instans étourdi et immobile, et quand il revint à lui, il se trouva dans une obscurité complète, sa chute ayant renversé et éteint la lampe. En ce moment, il entendit la porte de son cachot crier sur ses gonds.

— Les voici! voici les meurtriers! Notre-Dame de merci! Dieu compatissant! pardonnez-moi mes fautes!

Il tourna les yeux vers la porte, et fut un instant

8.

ébloui par la clarté d'une torche portée par un homme
vêtu en noir, qui s'avançait vers lui, et qui tenait en
main un poignard. S'il fût venu seul, le malheureux
prisonnier aurait pu le regarder comme l'assassin qui
venait mettre fin à ses jours ; mais une autre personne
l'accompagnait. La lumière de la torche fit distinguer
à Arthur la robe blanche d'une femme, et lui fit même
entrevoir des traits qu'il ne pouvait oublier, et qui se
montraient à lui lorsqu'il s'y attendait le moins. Son
étonnement fut tel, qu'il en oublia même sa situation
dangereuse. — De telles choses sont-elles possibles? se
demanda-t-il à lui-même. A-t-elle réellement le pouvoir
d'un esprit élémentaire? a-t-elle conjuré du fond de la
terre ce démon noir, pour le faire coopérer avec elle à
ma délivrance?

Sa conjecture sembla se réaliser; car l'homme vêtu
en noir, donnant la torche à Anne de Geierstein, ou
du moins à l'être qui en avait pris la parfaite ressemblance, se pencha sur le prisonnier, et coupa avec tant
de dextérité la corde qui lui liait les bras, qu'elle sembla tomber dès qu'il l'eut touchée. La première tentative
que fit Arthur pour se relever ne lui réussit pas. A la
seconde, ce fut la main d'Anne de Geierstein, une main
palpable, aussi bien que visible, qui l'aida à se soutenir, comme elle l'avait déjà fait quand un torrent mu-
gissait sous leurs pieds. Ce contact produisit sur lui un
effet bien plus puissant que le peu d'aide que pouvait
lui donner la force d'une jeune fille : il fit rentrer le courage dans son cœur, la vie et la force dans ses mem-

bres engourdis et froissés ; tant l'esprit a d'influence sur le corps, tant il l'élève au-dessus de la faiblesse de la nature humaine, quand il est armé de toute son énergie. Arthur allait adresser à Anne les accens de la plus profonde reconnaissance, mais la parole expira sur ses lèvres quand il vit cette jeune fille mystérieuse mettre un doigt sur sa bouche, pour lui faire signe de garder le silence, et en même temps de la suivre. Il obéit, plongé dans une surprise silencieuse. Sortis du fatal cachot, ils traversèrent divers corridors formant une sorte de labyrinte, et taillés, les uns dans le roc, les autres bordés de murailles construites de grosses pierres tirées des flancs du même rocher, et conduisant probablement à d'autres cachots semblables à celui où Arthur était détenu quelques instans auparavant.

L'idée que son père pouvait être enfermé dans quelque horrible prison comme celle qu'il venait de quitter, fit qu'Arthur s'arrêta quand ils arrivèrent au bas d'un petit escalier en limaçon, qui semblait conduire au faîte de cette partie du bâtiment.

— Chère Anne, dit-il à demi-voix, guidez-moi pour le délivrer ; je ne puis abandonner mon père.

Elle secoua la tête avec un air d'impatience, et lui fit signe d'avancer.

— Si votre pouvoir ne va pas jusqu'à sauver mon père, je resterai pour le sauver ou mourir avec lui.

Elle ne répondit rien, mais son compagnon lui dit d'une voix creuse, assez analogue à son extérieur :

— Jeune homme, parle à ceux à qui il est permis de

te répondre, ou plutôt garde le silence, et suis mes conseils. C'est le seul moyen d'assurer la liberté et la vie
de ton père.

Ils montèrent l'escalier, Anne de Geierstein marchant la première. Arthur, qui la suivait, ne put s'empêcher de penser que cette forme légère produisait une
partie de la lumière empruntée de la torche et qui se
reflétait sur sa robe blanche. C'était probablement l'effet
des idées superstitieuses qu'avait fait naître en son
esprit l'histoire de l'aïeule d'Anne, que Rodolphe lui
avait racontée, idées qui se trouvaient confirmées par
son apparition inattendue dans un pareil lieu. Il n'eut
pourtant que quelques instans bien courts pour faire
ces réflexions, car, elle monta l'escalier tournant d'un
pas si rapide qu'il fut impossible à Arthur de la suivre
de près, et il ne la vit plus quand il arriva sur le palier.
Avait-elle miraculeusement disparu, était-elle entrée
dans quelque autre corridor? il n'eut pas un moment
de loisir pour décider cette question avec lui-même.

— Voici votre chemin, lui dit son guide noir. Puis,
éteignant sa torche, il prit Arthur par le bras et le fit
entrer dans un long corridor obscur. Notre jeune
homme ne fut pas à l'abri d'un moment d'inquiétude,
en se rappelant l'air sinistre de son conducteur, et le
poignard qu'il pouvait lui plonger tout à coup dans le
sein; mais il ne put se résoudre à croire capable d'une
trahison un homme qu'il avait vu avec Anne de Geierstein, à qui il demanda pardon du fond du cœur du
mouvement de crainte qu'il avait éprouvé.

Il se laissa donc conduire par son compagnon, qui avançait à grands pas, mais sans le moindre bruit, et qui lui dit à l'oreille de prendre la même précaution.

— Ici se termine notre voyage, ajouta enfin son guide.

Comme il parlait ainsi, une porte s'ouvrit, et ils entrèrent dans une chambre gothique, autour de laquelle étaient des tablettes en bois de chêne, chargées de livres et de manuscrits. Les yeux d'Arthur furent éblouis par la clarté subite du grand jour, dont il avait été privé depuis quelque temps, et, s'étant retourné, il ne vit plus la porte par laquelle ils étaient entrés dans cet appartement. Il n'en fut pourtant pas très-surpris, parce qu'il jugea qu'elle était couverte de tablettes semblables à celles qui tapissaient tout l'appartement, et qui empêchaient qu'on ne la distinguât, ce qui arrivait quelquefois à cette époque, et ce qu'on voit encore fréquemment aujourd'hui. A la lumière du jour, son libérateur ne lui parut plus qu'un ecclésiastique, dont les traits et le costume n'avaient rien de cette expression d'horreur surnaturelle que lui avaient prêtée la lueur d'une torche et la terreur d'un cachot.

Le jeune Philipson respira plus librement, comme un homme qui s'éveille après avoir fait un songe affreux. Les idées superstitieuses qu'avait fait naître dans son imagination la vue si inattendue d'Anne de Geierstein commencèrent à s'évanouir, et il dit à son libérateur :

— Pour savoir où je dois adresser les témoignages de ma juste reconnaissance, mon révérend Père, permettez-moi de vous demander si Anne de Geierstein...

— Parle de ce qui concerne ta maison et ta famille, répondit le prêtre aussi brièvement qu'auparavant. As-tu déjà oublié le danger de ton père?

— Non, de par le ciel, non! s'écria Arthur; dites-moi ce que j'ai à faire pour le délivrer, et vous verrez comment un fils peut combattre pour un père.

— C'est bien, car cela est nécessaire, dit le prêtre. Couvre-toi de ces vêtemens, et suis-moi.

Les vêtemens qu'il lui présenta étaient le froc et le capuchon d'un novice.

— Abaisse le capuchon sur ton visage, dit le prêtre, et qui que ce soit que tu rencontres, ne lui réponds pas. Je dirai que tu as fait vœu de silence. Puisse le ciel pardonner à l'indigne tyran qui nous force à cette dissimulation profane! Suis-moi de très-près, et surtout ne parle point.

Le déguisement fut bientôt terminé. Le prêtre de Saint-Paul, car c'était lui, marcha le premier, et Arthur le suivit pas à pas, prenant autant qu'il le pouvait l'air humble et modeste d'un novice. En sortant de la bibliothèque, ou du cabinet d'étude du prêtre, ils descendirent un petit escalier, et se trouvèrent ensuite dans une rue de la Férette. Une tentation irrésistible porta le jeune homme à jeter un coup d'œil en arrière, mais à peine eut-il le temps de voir que la maison dont il venait de sortir était un petit bâtiment gothique, situé entre l'église de Saint-Paul et la grande tour qui défendait la porte de la ville.

— Suivez-moi, Melchior, dit la voix grave du prêtre, tandis que ses yeux perçans se fixaient sur le prétendu novice avec une expression qui rappela sur-le-champ à Arthur le danger de sa situation.

Ils continuèrent à marcher, personne ne faisant attention à eux, si ce n'est pour saluer le prêtre, soit en silence, soit en lui adressant quelques mots en passant. Enfin, étant arrivés au milieu de la ville, le prêtre prit une petite rue qui se dirigeait vers le nord, et à l'extrémité de laquelle ils montèrent un escalier. Suivant l'usage des villes fortifiées, cet escalier conduisait sur le rempart, qui, à la manière gothique, était flanqué à tous les angles, et de distance en distance, de tours de diverses formes et de différente grandeur.

Il y avait des sentinelles sur les murailles, mais la garde y était montée par des bourgeois armés d'épées et de javelines, et non par des soldats de la garnison. Le premier près duquel ils passèrent dit au prêtre à demi-voix : — Notre projet tient-il ?

— Oui, répondit le prêtre de Saint-Paul; *Benedicite Domino.*

— *Deo gratias!* répliqua le citoyen armé, et il continua sa faction sur le rempart.

Les autres factionnaires semblaient les éviter ; car lorsque Arthur et son compagnon en approchaient, ou ils disparaissaient, ou ils passaient à côté d'eux sans les regarder, et sans avoir l'air de les voir. Enfin ils arrivèrent devant une vieille tourelle qui s'élevait au-dessus de la muraille, et dans le mur de laquelle était percée

une porte donnant sur le rempart. Elle était placée dans
un coin séparé de tous les angles des fortifications, et
rien ne la commandait. Dans une forteresse bien gardée,
un point si important aurait dû être surveillé tout au
moins par une sentinelle, cependant il ne s'en trouvait
aucune.

— Maintenant écoutez-moi bien, dit le prêtre, car
la vie de votre père, et peut-être celle de bien d'autres,
dépendent de votre attention et de votre promptitude.
Vous savez courir? Vous êtes en état de sauter?

— Je ne sens plus de fatigue depuis que vous m'avez
rendu la liberté, mon père; et les daims que j'ai si souvent chassés ne me gagneraient pas de vitesse en pareille
occasion.

— Faites donc bien attention. Cette tourelle, dans
laquelle je vais vous faire entrer, renferme un escalier
qui conduit à une poterne de sortie. Cette poterne est
barricadée à l'intérieur, mais elle n'est pas fermée à
clef. En l'ouvrant, vous arriverez au fossé, qui est presque à sec. Quand vous l'aurez traversé, vous vous trouverez près du rempart extérieur. Vous pourrez y voir
des sentinelles, mais elles ne vous verront pas. Ne leur
parlez pas, et passez le mieux que vous pourrez par-
dessus la palissade. Je suppose que vous pourrez gravir
un rempart qui n'est pas défendu?

— J'en ai gravi un qui l'était... Et que dois-je faire
ensuite?... Tout cela est fort aisé.

— Vous verrez à quelque distance un petit bois, ou
pour mieux dire un taillis. Gagnez-le avec toute la vitesse

dont vous êtes capable. Quand vous y serez, tournez vers l'orient, mais alors prenez bien garde de ne pas vous laisser voir par les soldats bourguignons qui sont de garde sur cette partie des murailles, car s'ils vous aperçoivent, une décharge de flèches, et la sortie d'un détachement de cavalerie pour vous poursuivre, en seront la conséquence infaillible, et ils ont les yeux de l'aigle qui voit sa proie de loin.

— J'y mettrai tous mes soins, mon père.

— De l'autre côté de ce petit bois, vous trouverez un chemin, ou plutôt un sentier tracé par les moutons, qui, s'éloignant insensiblement des murs de la ville, va rejoindre la route de la Férette à Bâle. Courez à la rencontre des Suisses qui s'avancent ; dites-leur que les heures de la vie de votre père sont comptées, et qu'il faut qu'ils se pressent, s'ils veulent le sauver. Surtout, ne manquez pas de dire à Rodolphe Donnerhugel que le prêtre de Saint-Paul l'attend à la poterne du côté du nord pour lui donner sa bénédiction. — M'avez-vous bien compris ?

— Parfaitement, répondit Arthur.

Le prêtre ouvrit la petite porte de la tourelle, et y entra avec Arthur qui allait descendre rapidement l'escalier qu'il y trouva.

— Attendez un instant! lui dit le prêtre; ôtez ces vêtemens de novice, ils ne feraient que vous gêner.

En un clin d'œil Arthur se débarrassa du froc et du capuchon, et il se disposait de nouveau à partir.

— Encore un moment, reprit le prêtre. Ce froc pour-

9

rait déposer contre nous. Aidez-moi à ôter ma robe.

Quoique brûlant d'impatience, Arthur reconnut la nécessité d'obéir à son guide, et lorsque le vieillard eut quitté sa longue robe noire, il parut aux yeux du jeune homme en soutane de serge noire convenable à sa profession. Cette soutane était fixée sur sa taille non par une ceinture telle qu'en portent les ecclésiastiques, mais par un ceinturon très-peu canonique, en peau de buffle, soutenant un sabre fort court et à double tranchant, propre à frapper d'estoc et de taille.

— Donnez-moi maintenant le costume de novice, dit le vénérable prêtre, et je mettrai ensuite ma robe pardessus. Puisque je porte en ce moment quelque chose qui sent le laïque, il est à propos que je double mes vêtemens de clerc.

En parlant ainsi, il sourit d'un air sinistre, et ce sourire avait quelque chose de plus effrayant que le froncement de sourcils qui lui était habituel, et qui convenait mieux à ses traits.

— Qu'attend maintenant ce jeune insensé, dit-il, quand la vie ou la mort dépendent de sa promptitude?

Arthur n'attendit pas un second avis de partir, et il descendit l'escalier ou plutôt le franchit. La poterne, comme l'avait dit le prêtre, n'était fermée que par des barres de fer qui ne lui offrirent d'autre résistance que celle que la rouille pouvait opposer. Ayant réussi à l'ouvrir, il se trouva sur le bord du fossé marécageux, dont la surface était verdâtre, et, sans examiner quelle pouvait en être la profondeur, sans songer à la boue gluante

qui retenait ses pieds à chaque pas, il le traversa, et arriva
sur l'autre rive, sans attirer l'attention de deux dignes
bourgeois de la Férette, chargés de la garde de cette
barrière. L'un d'eux était profondément occupé à lire,
soit une chronique profane, soit une légende religieuse,
l'autre examinait le fossé avec attention, comme s'il y
eût cherché des anguilles ou des grenouilles, car il
portait un petit panier qui semblait destiné à recevoir
quelque butin de cette espèce.

Voyant que, comme le prêtre le lui avait prédit, il
n'avait rien à craindre de la vigilance des sentinelles,
Arthur courut vers la palissade dans l'espoir qu'en saisissant le haut des pieux, il pourrait la franchir d'un
seul saut. Mais, ou il avait trop présumé de ses forces,
ou son emprisonnement, les liens dont il avait été
chargé, et la chute qu'il avait faite, les avaient dimi-
nuées ; il ne put en atteindre le haut, retomba en arrière,
et, en se relevant, il vit un soldat en uniforme jaune et
bleu, couleurs qui étaient celles d'Hagenbach, accourir
vers lui en criant aux factionnaires négligens et paresseux : — Alarme ! alarme ! arrêtez ce fuyard, chiens de
fainéans, ou vous êtes morts tous deux !

Le bourgeois qui pêchait jeta par terre son trident à
anguilles, tira son épée, la fit brandir sur sa tête, et
s'avança vers Philipson d'un pas qui n'annonçait pas
une précipitation inconsidérée. Celui qui lisait fut encore plus malheureux, car il mit une telle hâte à fermer son livre et à s'occuper de ses devoirs qu'il se jeta
sur le chemin du soldat, à coup sûr sans en avoir l'in-

tention. Celui-ci, qui courait de toutes ses forces, heurta
le citoyen de la Férette, et le choc fut si violent qu'ils
furent tous deux renversés; mais le bourgeois, étant
un homme d'un poids et d'un embonpoint respectables,
resta immobile à l'endroit où il était tombé, tandis que
le soldat, plus léger, et s'attendant peut-être moins à
cette rencontre, fit encore un pas ou deux en tombant,
et roula jusqu'au fossé, au fond duquel il resta étendu
tout de son long, se débattant dans la fange épaisse. Le
pêcheur et le lecteur, sans trop se presser, allèrent offrir leur secours au compagnon de garde qu'ils n'avaient
ni attendu ni désiré. Pendant ce temps, Arthur, stimulé
par le danger qu'il courait, réunit toutes ses forces et
toute son adresse pour sauter une seconde fois, et il
réussit à franchir la palissade. Il courut alors à la hâte
vers les arbres qui lui avaient été indiqués, et qui n'é-
taient pas à une très-grande distance, et y arriva sans
avoir entendu aucun cri d'alarme sur les murailles. Il
sentait pourtant que sa situation était devenue extrê-
mement précaire, puisque sa fuite était connue au moins
d'un soldat, qui ne manquerait pas d'en donner avis dès
qu'il aurait pu se tirer de la boue du fossé, quoique Arthur soupçonnât les deux citoyens de vouloir se donner
tout juste l'air de l'aider. Ces pensées, qui se présen-
taient à son esprit, ajoutèrent à son agilité naturelle,
et, en moins de temps qu'on n'aurait pu le croire possible, il atteignit l'extrémité du petit bois, d'où il pouvait
voir la tour de la porte de l'orient, et le rempart couvert
de soldats portant les armes.

Il eut besoin de toute son adresse pour se tenir à couvert sous le peu de buissons qui protégeaient encore sa fuite, afin d'éviter d'être vu par ceux qu'il voyait lui-même si distinctement. Il s'attendait à chaque instant à entendre le son d'un cor, et à voir parmi les soldats, sur le rempart, un mouvement tumultueux qui annoncerait une sortie. Rien de tout cela n'arriva pourtant, et, suivant le sentier dont le prêtre lui avait parlé, il perdit enfin de vue les tours de la Férette, et rejoignit bientôt la grande route par laquelle il était arrivé dans cette ville quelques heures auparavant avec son père. Bientôt un petit nuage de poussière, à travers lequel il vit briller quelques armes, lui fit reconnaître qu'il approchait d'un détachement d'hommes armés, et il en conclut que c'était l'avant-garde de la députation suisse.

Au bout de quelques minutes, il rencontra ce petit corps, qui était composé de dix hommes, ayant à leur tête Rodolphe Donnerhugel. La vue du jeune Philipson, couvert de boue et même de sang, car il s'était fait une légère blessure en tombant dans son cachot, excita l'étonnement de tous les Suisses, qui s'attroupèrent autour de lui pour savoir ce qu'il allait leur apprendre. Rodolphe seul ne montra ni empressement ni curiosité ; il avait la tête large et forte, une physionomie semblable à celle des anciennes statues d'Hercule, et dont l'expression calme, indifférente, et presque sombre, ne changeait de caractère que dans des momens de violente agitation.

9.

Arthur, qui pouvait à peine respirer, lui apprit que
son père avait été jeté dans un cachot, et condamné
à mort. Cette nouvelle fut entendue sans émotion.

— Ne deviez-vous pas vous y attendre? dit le Bernois
avec froideur. N'aviez-vous pas été averti? Il aurait été
bien facile de prévoir et de prévenir ce malheur.

— J'en conviens! j'en conviens! s'écria Arthur en se
tordant les mains; vous étiez prudent, et nous avons
agi follement. Mais, je vous en conjure, ne songez pas
à notre folie dans ce moment d'extrême danger? Montrez le courage et la générosité que tous vos Cantons
vous accordent! Venez à notre secours dans ce malheur terrible.

— Mais comment? de quelle manière? dit Rodolphe,
paraissant encore hésiter. Nous avons congédié les Bâlois, qui étaient disposés à nous prêter main-forte, tant
l'exemple de vos sentimens de soumission a eu d'influence
sur nous. Nous ne sommes guère qu'une vingtaine
d'hommes; comment voulez-vous que nous attaquions
une ville de garnison, protégée par des fortifications,
et défendue par six fois notre nombre d'hommes, bien
armés?

— Vous avez des amis dans l'intérieur, répondit Arthur, j'en suis sûr. Écoutez un mot à l'oreille! Le
prêtre de Saint-Paul m'a chargé de vous dire, à vous,
Rodolphe Donnerhugel, qu'il vous attend à la poterne
du côté du nord, pour vous donner sa bénédiction.

— Sans doute, dit Rodolphe en résistant aux efforts
d'Arthur pour l'engager dans une conversation parti-

culière, et en parlant assez haut pour que tous ceux
qui les entouraient l'entendissent; je n'en doute guère,
je trouverai à la poterne du nord un prêtre pour me
confesser et me donner l'absolution, et après cela un
billot, un glaive et un exécuteur pour séparer ma tête
de mon corps. Mais j'y regarderai à deux fois avant de
faire courir un pareil risque au fils de mon père. S'ils
assassinent un colporteur anglais qui ne les a jamais
offensés, à quoi doit s'attendre le Jeune Ours de Berne,
qui a déjà fait sentir ses griffes et ses dents à Archibald
Von Hagenbach?

A ces mots, le jeune Philipson joignit les mains en
les levant vers le ciel, en homme qui n'attend plus de
secours que de lui. Des larmes sortirent de ses yeux, il
serra les poings, grinça les dents, et tourna brusquement le dos aux Suisses.

— Que signifie cette colère? demanda Rodolphe.
Où allez-vous à présent?

— Sauver mon père, ou mourir avec lui, répondit
Arthur. Et il allait se mettre en course pour retourner
à la Férette, quand il se sentit serrer le bras par une
main vigoureuse, mais dont l'étreinte avait quelque
chose d'amical.

— Attendez un moment que j'aie noué ma jarretière,
lui dit Sigismond Biederman, et j'irai avec vous, roi
Arthur.

— Vous? s'écria Rodolphe, vous, idiot, et sans
ordre?

— Écoutez donc, cousin Rodolphe, répondit Sigis-

mond en continuant avec le plus grand calme à attacher
sa jarretière, qui, suivant la mode du pays, devait être
nouée d'une manière un peu compliquée; vous êtes
toujours à nous dire que nous sommes Suisses et libres;
mais quel avantage y a-t-il d'être libre, si l'on ne peut
pas faire ce qu'on veut? Vous êtes mon Hauptman aussi
long-temps que je le voudrai, voyez-vous, mais pas un
instant de plus.

— Et pourquoi me quitterais-tu à présent, fou que
tu es? demanda le Bernois, pourquoi en ce moment
plutôt qu'en tout autre?

— Ecoutez-moi, répondit le soldat insubordonné; il
y a près d'un mois que je chasse avec Arthur, et je lui
suis attaché. Jamais il ne m'a appelé ni fou ni idiot,
quoique mes pensées viennent peut-être un peu moins
vite que celles des autres. Et j'aime aussi son père; c'est
lui qui m'a fait présent de ce baudrier et de cette corne,
dont je réponds qu'il a donné plus d'un bon kreutzer.
Il m'a dit de ne pas me décourager, parce que si je n'a-
vais pas assez d'esprit pour penser vite, j'avais assez de
bon sens pour penser juste, et que cela valait mieux.
Et le bon vieillard est maintenant enfermé dans la tue-
rie de ce boucher d'Hagenbach! Mais nous le sauverons,
Arthur, si deux hommes peuvent en venir à bout. Vous
me verrez combattre tant que cette lame d'acier tiendra
à ce manche de frêne.

En parlant ainsi, il agitait sa lourde pertuisane, qui
tremblait dans sa main comme si c'eût été une branche
de saule. Dans le fait, si l'iniquité devait être terrassée

comme un bœuf, personne, dans cette troupe d'élite, ne paraissait plus en état que Sigismond de faire un tel exploit; car, quoiqu'il fût d'une taille un peu moins grande que celle de ses frères, et qu'il eût moins de fougue et d'impétuosité, ses larges épaules et ses muscles vigoureux en faisaient un athlète disposé au combat; et quand il était une fois animé, ce qui n'arrivait pas fréquemment, Rodolphe lui-même, en ne parlant que des forces physiques, aurait pu trouver quelque difficulté à lui résister.

L'expression énergique d'un sentiment véritable produit toujours de l'effet sur des caractères naturellement généreux. Plusieurs des jeunes gens qui les entouraient commencèrent à s'écrier que Sigismond avait raison; que si le vieillard s'était mis en danger, c'était parce qu'il avait pensé au succès de leur négociation plus qu'à sa propre sûreté; qu'il avait renoncé à leur protection pour ne pas les impliquer dans quelque querelle à cause de lui.

— Nous n'en sommes que d'autant plus obligés de veiller à ce qu'il ne lui arrive aucun malheur, ajoutèrent-ils; et c'est ce que nous ferons.

— Silence, bavards! s'écria Rodolphe en regardant autour de lui avec un air de supériorité. Et vous, Arthur, allez trouver le Landamman, qui est à peu de distance en arrière. Vous savez qu'il est notre commandant en chef, qu'il est aussi l'ami sincère de votre père; tout ce qu'il pourra ordonner en sa faveur, vous nous trouverez tous prêts à l'exécuter.

Ses compagnons parurent approuver cet avis, et le jeune Philipson vit lui-même qu'il ne pouvait se dispenser de le suivre. Au fond du cœur, quoiqu'il soupçonnât Rodolphe d'avoir plus de moyens de le servir en cette conjoncture, par suite de ses intrigues avec la jeunesse de Suisse et de Bâle, et des intelligences qu'il avait dans la ville même de la Férette, comme on pouvait le présumer d'après le message que lui avait envoyé le prêtre de Saint-Paul, Arthur comptait beaucoup plus sur la simplicité franche et la bonne foi imperturbable d'Arnold Biederman, et il ne perdit pas un instant pour courir à sa rencontre, afin de lui raconter son histoire déplorable, et d'implorer son secours.

Du haut d'une éminence qu'il atteignit quelques minutes après avoir quitté Rodolphe et son avant-garde, il vit le vénérable Landamman et ses collègues, accompagnés du reste des jeunes gens qui les escortaient ; car ils ne se dispersaient plus alors de côté et d'autre sur les flancs, mais ils suivaient les députés à quelques pas, en bon ordre, sous les armes, et en hommes préparés à résister à toute attaque imprévue.

En arrière marchaient les deux mulets chargés des bagages, et Arthur reconnut aussi ceux qu'avaient montés pendant toute la marche Anne de Geierstein et sa suivante. Ils portaient deux femmes, comme à l'ordinaire, et, autant qu'il lui était possible d'en juger, celle qui marchait la première avait le costume, qu'il connaissait parfaitement, de la jeune Helvétienne, depuis son grand voile gris jusqu'à la petite plume de héron qu'elle avait portée depuis son entrée en Allemagne, pour se conformer aux usages du pays, et annoncer qu'elle était d'un sang noble et d'un rang distingué. Cependant, si les yeux d'Arthur ne le trompaient pas en ce moment, comment l'avaient-ils servi il n'y avait guère plus d'une demi-heure, quand il avait vu, dans un cachot souterrain de la Férette, les mêmes traits qui s'offraient alors à ses regards dans des circonstances si différentes? Ces idées, qui se présentèrent à son esprit, l'occupèrent fortement, mais un seul instant: ce fut comme l'éclair qui sillonne les nuages pendant la nuit, et qu'on a à peine aperçu qu'il s'évanouit dans les ténèbres; ou, pour mieux dire, l'étonnement que fit naître en lui cet incident merveilleux ne bannit pas l'inquiétude qu'il éprouvait pour la sûreté de son père, sentiment qui, en ce moment, l'emportait sur tous les autres.

— S'il existe réellement, se dit-il à lui-même, un esprit qui porte ces traits charmans, il doit être aussi bienfaisant qu'aimable; et il ne refusera pas à mon père, qui la mérite mieux que moi, la protection qu'il a accordée à son fils.

Mais avant qu'il eût eu le temps de faire de plus amples réflexions sur ce sujet, il arriva près du Landamman et de son escorte. Sa vue et son extérieur leur causèrent la même surprise qu'à Rodolphe et à l'avant-garde. Le Landamman le questionna sur-le-champ, et il lui répondit en racontant avec brièveté son empri-

sonnement et sa délivrance, dont il laissa toute la gloire
au prêtre de Saint-Paul, sans dire un seul mot de l'apparition plus intéressante dont il avait été accompagné
en remplissant cette tâche charitable. Arthur garda
aussi le silence sur un autre point ; il ne crut pas qu'il
fût convenable d'informer Arnold Biederman du message dont le prêtre de Saint-Paul l'avait chargé pour
Rodolphe, et qui lui était adressé exclusivement. Quel
que pût en être le résultat, il regardait le silence comme
une obligation sacrée que lui imposait la confiance
qu'avait eue en lui un homme qui venait de lui rendre
un service si important.

Le Landamman resta un moment muet de surprise
et de chagrin en apprenant de pareilles nouvelles. Philipson père avait obtenu son respect par la pureté et la
fermeté de ses principes, autant que par l'étendue et
la profondeur de ses connaissances. Ce dernier mérite
était d'autant plus précieux aux yeux d'Arnold, qu'il
sentait que son excellent jugement pouvait être quelquefois égaré, faute de connaître suffisamment les pays
étrangers, les mœurs et l'esprit du temps, objets sur
lesquels son ami anglais lui donnait quelquefois des
renseignemens exacts.

— Marchons en avant, sans perdre un instant, dit-il
à ses collègues. Rendons-nous médiateurs entre le tyran
Hagenbach et notre ami, dont la vie est en danger. Il
faudra qu'il nous écoute, car je sais que son maître
attend Philipson à sa cour : le vieillard me l'a donné à
entendre. Comme nous sommes en possession de ce se-

cret, Archibald n'osera braver notre vengeance, car il nous serait bien facile de faire savoir au Duc Charles jusqu'à quel point le gouverneur de la Férette abuse de son pouvoir, non-seulement en ce qui concerne les Suisses, mais même dans des affaires qui regardent le Duc personnellement.

— Avec votre permission, mon digne collègue, répondit le porte-bannière de Berne, nous sommes députés par la Suisse, et nous ne sommes en marche que pour aller faire des représentations sur les injustices dont la Suisse peut se plaindre. Si nous nous mêlons des querelles d'étrangers, nous en trouverons plus de difficulté à obtenir le redressement des griefs de notre propre pays. D'une autre part, si le Duc, par cet acte de scélératesse commis à l'ombre de son pouvoir, contre des marchands anglais, attirait sur lui le ressentiment du roi d'Angleterre, cette rupture ne peut que le forcer à conclure avec les Cantons suisses un traité qui leur soit avantageux.

Il entrait tant de politique dans cet avis, qu'Adam Zimmerman, député de Soleure, y donna sur-le-champ son assentiment, en ajoutant, pour nouvel argument, que leur collègue Biederman, il n'y avait guère que deux heures, lui avait dit que ces marchands anglais, de son avis et de leur propre volonté, s'étaient séparés de la députation, pour ne pas l'impliquer dans les querelles que pourraient occasioner les exactions du gouverneur, sous le prétexte de lever des droits sur leurs marchandises.

— Or, quel avantage nous aura procuré cette séparation, continua-t-il, si, comme notre collègue semble le
proposer, nous devons nous occuper des intérêts de
cet Anglais, comme s'il était notre compagnon de
voyage, et placé sous notre protection spéciale ?

Le Landamman se trouva serré de près par cet argument *ad hominem*; car, bien peu de temps auparavant, il
avait fait valoir la générosité de Philipson, qui avait
préféré s'exposer au danger, plutôt que de risquer de
nuire à leur négociation en restant en leur compagnie.
Ce raisonnement ébranla même le dévouement loyal du
député de Schwitz à barbe grise, Nicolas Bonstetten,
dont les regards passaient sans cesse de la physionomie
de Zimmerman, qui exprimait une confiance triom-
phante dans la solidité de son argument, à celle de son
ami Arnold, qui semblait plus embarrassé que de coutume.

— Mes frères, dit Biederman d'un ton ferme et animé, j'ai commis une erreur en tirant vanité de la politique mondaine dont je vous ai donné une leçon ce
matin. Cet homme n'est pas de notre pays, j'en conviens;
mais il est de notre sang; il est, comme nous, une des
images de l'Être qui nous a tous créés, et d'autant plus
digne de porter ce titre, qu'il est homme d'honneur et
intègre. Nous ne pourrions, sans commettre un péché
honteux, le laisser dans le danger, quand même il ne se
trouverait que par hasard sur notre chemin; encore
bien moins devons-nous l'abandonner quand il s'est
mis en péril pour l'amour de nous, et pour nous em-

pêcher de tomber dans le piège où il est pris. Ne vous
découragez donc pas. Nous obéirons à la volonté de
Dieu, en secourant un homme opprimé. Si nous réus-
sissons par la douceur, comme je l'espère, nous aurons
fait une bonne action à peu de frais ; si le contraire arrive, Dieu peut faire triompher la cause de l'humanité
par les mains d'une poignée d'hommes, aussi-bien que
par toute une armée.

— Si telle est votre opinion, répondit le porte-bannière, il n'y a pas ici un seul homme qui ne soit prêt à
vous soutenir. Quant à moi, je plaidais contre ma propre
inclination, en vous conseillant d'éviter une rupture
avec les Bourguignons. Cependant je dois dire, comme
soldat, que j'aimerais mieux combattre la garnison en
rase campagne, fût-elle deux fois plus forte qu'on ne
le prétend, que d'entreprendre de m'emparer d'assaut
de leurs fortifications.

— Soyez tranquille, dit le Landamman ; j'espère que
nous entrerons dans la ville de la Férette, et que nous
en sortirons sans déroger au caractère pacifique dont
nous investit la mission que nous avons reçue de la
Diète.

CHAPITRE XVI.

« Mais, quant à Sommerset, que sa tête coupable
« tombe sur l'échafaud ! »

Troisième partie de Henri VI.

Le gouverneur de la Férette était sur le faîte de la
tour qui commandait l'entrée de la ville du côté de
l'orient, et ses regards se dirigeaient sur la route qui
conduisait à Bâle, quand on vit au loin d'abord l'avant-
garde de la députation suisse, puis le corps du centre,
et enfin l'arrière-garde. Bientôt l'avant-garde s'arrêta,

le centre la rejoignit, et, les mulets qui portaient les deux femmes et les bagages s'y étant aussi réunis, les trois corps n'en formèrent plus qu'un seul.

Un messager s'en détacha, et fit entendre le son d'un de ces cornets énormes, dépouilles des urus ou bœufs sauvages, qui sont si nombreux dans le canton d'Uri, qu'on suppose qu'ils lui firent donner ce nom.

— Ils demandent à entrer, dit l'écuyer.

— Et ils entreront, répondit Archibald Von Hagenbach; mais, morbleu! comment en sortiront-ils? c'est une autre question, et plus importante.

— Que Votre Excellence y réfléchisse un instant, répondit Kilian; songez que ces Suisses sont des diables dans le combat, et qu'ils ne nous laisseront aucun butin pour nous payer notre victoire, seulement quelques misérables chaines de bon cuivre ou de mauvais argent; vous avez déjà tiré toute la moelle, ne risquez pas de vous casser les dents en voulant briser les os.

—Tu es un fou, Kilian, répondit Hagenbach, et peut-être un poltron par-dessus le marché. L'approche d'une vingtaine, ou tout au plus d'une trentaine de partisans suisses, te fait rentrer les cornes comme celles d'un limaçon que touche le doigt d'un enfant. Les miennes sont aussi dures et aussi fermes que celle de l'urus dont ils parlent tant, et dont ils sonnent si hardiment. Songe donc, timide créature, que si nous laissons passer librement ces députés suisses, comme il leur plaît de s'appeler, ils iront raconter au Duc l'histoire de marchands qui se rendaient à sa cour, et qui portaient des

10.

marchandises si précieuses adressées à sa personne. Charles aura donc à subir l'ennui de l'ambassade d'un peuple qui est l'objet de son mépris et de sa haine, et il apprendra que le gouverneur de la Férette, en leur permettant de passer, a cependant osé arrêter des gens qu'il aurait vus avec grand plaisir : car quel prince ne ferait pas un accueil excellent à un collier semblable à celui que nous venons de prendre à ce vagabond de colporteur anglais !

— Je ne vois pas comment une attaque contre ces ambassadeurs vous donnera une meilleure excuse pour avoir dépouillé ces Anglais.

— Tu ne vois pas, Kilian, parce que tu es une taupe, une taupe aveugle. Si le duc de Bourgogne entend parler d'une escarmouche entre ma garnison et les manans montagnards qu'il méprise et qu'il déteste, il ne s'occupera nullement de deux colporteurs qui auront péri dans la mêlée. Mais, dans tous les cas, si l'on faisait une enquête à ce sujet par la suite, il ne me faut qu'une heure pour me transporter sur les terres de l'Empire; et quoique l'Empereur soit un fou sans énergie, le riche butin que j'ai fait sur ces insulaires m'y assurera un bon accueil.

— Votre Excellence me trouvera à son côté jusqu'au dernier moment, et vous pourrez juger que, si je suis un fou, du moins je ne suis pas un poltron.

— Je ne t'ai jamais regardé comme tel quand il s'agit d'en venir aux mains, mais en fait de politique tu es timide et irrésolu. Mets-moi mon armure, Kilian, et aie soin de bien l'attacher. Les piques et les épées de ces Suisses ne sont pas des aiguillons de guêpe.

— Puisse Votre Excellence la porter avec autant de profit que d'honneur! dit Kilian ; et il se mit à remplir ses fonctions officielles en couvrant son maître de l'armure complète d'un chevalier de l'Empire.

— Votre résolution d'attaquer les Suisses est donc bien prise? ajouta-t-il; quel prétexte en donnera Votre Excellence ?

— Laisse-moi le soin d'en trouver ou d'en faire naître un. Songe seulement à placer à leurs postes Schonfeldt et les soldats, et souviens-toi que le mot de ralliement sera : *Bourgogne à la rescousse !* Quand j'aurai prononcé ces mots, que les soldats se montrent; quand je les aurai répétés, qu'ils tombent sur les Suisses. Et maintenant que je suis armé, va faire ouvrir la porte à ces paysans.

Kilian salua son maître et se retira.

Les Suisses avaient déjà fait entendre plusieurs fois le son de leur corne, car ils étaient mécontens d'avoir attendu près d'une demi-heure devant la porte sans recevoir aucune réponse, et ce son, plus fort et plus prolongé à chaque fois, annonçait leur impatience aux échos qui le répétaient. Enfin la herse se leva, le pont-levis se baissa, et ils virent s'avancer Kilian, en costume d'homme d'armes prêt à combattre, et monté sur un palefroi marchant à l'amble.

—Il faut que vous soyez bien hardis, messieurs, s'écria-t-il, pour vous présenter à main armée devant la forteresse de la Férette, dont la seigneurie appartient de droit au trois fois noble duc de Bourgogne et de Lorraine, et qui est commandée pour lui et en son nom par Archibald Von Hagenbach, chevalier du Saint-Empire romain!

—Sire écuyer, répondit le Landamman, car, d'après la plume que vous portez à votre toque, je suppose que tel est votre grade, nous ne sommes point ici avec des intentions hostiles. Si nous sommes armés comme vous le voyez, c'est pour nous défendre pendant un voyage périlleux qui, le jour, nous offre quelques périls, et, la nuit, ne nous permet pas toujours de nous reposer en sûreté. Mais nous n'avons aucun projet offensif; et si nous en avions eu, nous ne serions pas arrivés ici en si petit nombre.

— Quel est donc votre caractère, quels sont vos desseins? demanda Kilian, qui avait appris à prendre, en l'absence de son maître, un ton aussi impérieux et aussi insolent que le gouverneur lui-même.

— Nous sommes, répondit le Landamman d'une voix calme et tranquille, sans paraître s'offenser de la conduite arrogante de l'écuyer, et sans avoir même l'air d'y faire attention, des députés des Cantons libres et confédérés de la Suisse, et de la bonne ville de Soleure, chargés par notre Diète législative de nous rendre en présence de Sa Grace le duc de Bourgogne, pour une affaire de grande importance pour son pays et pour le nôtre, et dans l'espoir d'établir avec le seigneur de votre maître, je veux dire avec le noble duc de Bourgogne, une paix sûre et durable, à des conditions honorables et avantageuses pour les deux pays, et d'éviter ainsi des querelles qui pourraient conduire à l'effusion du sang chrétien faute de s'être bien entendus.

— Montrez-moi vos lettres de créance.

— Avec votre permission, sire écuyer, il sera assez temps de les montrer, quand nous serons en présence de votre maître, le gouverneur.

— Ce qui veut dire qu'un homme volontaire n'en agit qu'à sa tête. Fort bien, mes maîtres; et cependant vous pourriez recevoir en bonne part cet avis de Kilian de Kersberg : il est quelquefois plus sage de battre en retraite que de marcher en avant. Mon maître, et le maître de mon maître, sont des personnes plus difficiles à manier que les marchands de Bâle, à qui vous vendez vos fromages. Retournez chez vous, bonnes gens, retournez chez vous; le chemin vous est ouvert, et vous êtes bien avertis.

— Nous vous remercions de votre conseil, répondit le Landamman, coupant la parole au porte-bannière de Berne, qui commençait à s'abandonner à son courroux, si ce conseil est amical; s'il ne l'est pas, une plaisanterie incivile est comme un fusil trop chargé, qui repousse celui qui le tire. Notre route est par la Férette, nous nous proposons donc d'y passer, et nous y recevrons l'accueil qu'on peut nous préparer.

— Entrez donc, au nom du diable! s'écria Kilian, qui avait eu quelque espoir de leur inspirer assez de crainte pour les décider à retourner chez eux, mais qui se trouva trompé dans son attente.

Les Suisses entrèrent dans la ville, et furent arrêtés, à une quarantaine de pas de la porte, par la barricade de chariots que le gouverneur avait fait établir dans la rue. Ils rangèrent leur petit corps en ordre militaire et se formèrent sur trois lignes, les deux femmes et les députés étant au centre. Cette petite phalange présentait un double front, un de chaque côté de la rue, tandis que la ligne en face se disposait à marcher en avant dès qu'on aurait écarté l'obstacle qui gênait le passage. En ce moment d'attente, un chevalier, armé de toutes pièces, sortit par une petite porte de la grande tour, sous le passage cintré de laquelle les Suisses avaient passé pour entrer dans la ville. La visière de son casque était levée, et il s'avança le long de la petite ligne formée par les Suisses, d'un air hautain et menaçant.

— Qui êtes-vous, s'écria-t-il, vous qui osez avancer ainsi, les armes à la main, dans une ville appartenant à la Bourgogne?

— Avec la permission de Votre Excellence, dit le Landamman, je lui répondrai que nous sommes des hommes chargés d'une mission pacifique, quoique nous soyons armés pour notre défense personnelle. Nous sommes envoyés par les villes de Berne et de Soleure, par les cantons d'Uri, de Schwitz et d'Underwald, pour régler des affaires importantes avec Sa Grace le duc de Bourgogne et de Lorraine.

— Quelles villes, quels cantons? demanda le gouverneur de la Férette; je n'ai jamais entendu prononcer de pareils noms parmi ceux des villes libres d'Alle-

magne. Berne, vraiment! et depuis quand Berne est-
elle devenue une ville libre?

— Depuis le 21 juin de l'an de grace 1339, répondit
le Landamman; depuis le jour de la bataille de Laupen.

— Tais-toi, vieux fanfaron, reprit Hagenbach; crois-
tu que de pareilles rodomontades puissent passer ici
pour argent comptant? Nous avons bien entendu parler
de quelques villages et hameaux qui se sont insurgés
au milieu des Alpes; nous savons que, révoltés contre
l'Empereur, ils ont, à l'aide de leurs montagnes et de
leurs défilés, dressé des embuscades, et assassiné quelques chevaliers et quelques gentilshommes envoyés
contre eux par le duc d'Autriche; mais nous étions
loin de penser que de si misérables associations, de si
méprisables bandes de mutins, eussent l'insolence de
prendre le titre d'Etats libres, et la présomption de vouloir entrer en négociation avec un prince aussi puissant
que le duc de Bourgogne.

— Votre Excellence me permettra de lui faire remarquer, dit le Landamman avec un grand sang-froid,
que vos propres lois de chevalerie disent que si le plus
fort nuit au plus faible, si le noble insulte le roturier,
ce fait seul détruit toute distinction entre eux, et celui
qui a commis l'injure est obligé d'en donner satisfaction de telle manière que l'exige la partie injuriée.

— Retourne dans tes montagnes, manant, s'écria
Hagenbach avec hauteur, vas-y peigner ta barbe, et faire
rôtir tes châtaignes. Quoi! parce que quelques rats et
quelques souris trouvent une retraite dans les murs et

derrière les boiseries de nos maisons, leur permettrons-
nous pour cela de nous insulter par leur dégoûtant
aspect, et de se donner devant nous des airs de liberté
et d'indépendance? Non : nous les écraserons plutôt
sous le talon ferré de nos bottes.

— Nous ne sommes pas des gens qu'on puisse fouler
aux pieds, répondit Arnold Biederman avec le même
calme; ceux qui l'ont essayé ont trouvé en nous des
pierres qui les ont fait trébucher. Oubliez un instant,
sire chevalier, ce langage hautain qui ne peut conduire
qu'à la guerre, et écoutez des paroles de paix. Rendez
la liberté à notre compagnon, le marchand anglais Philipson, que vous avez fait arrêter illégalement ce matin,
qu'il paie une somme raisonnable pour sa rançon, et nous
rendrons au Duc, pour lequel nous avons une mission,
un compte favorable de son gouverneur de la Férette.

— Vous serez si généreux! en vérité! s'écria Archibald avec un ton de dérision. Et quelle garantie me
donnerez-vous que vous aurez pour moi autant de bonté
que vous l'annoncez?

— La parole d'un homme qui n'a jamais manqué à sa
promesse, répondit le stoïcien Landamman.

— Drôle insolent! s'écria le gouverneur : oses-tu me
faire des conditions? Oses-tu m'offrir ta misérable parole, comme une garantie entre le duc de Bourgogne
et Archibald Von Hagenbach? Apprends que vous
n'irez point en Bourgogne, ou que, si vous y allez, ce
sera les fers aux mains et la corde au cou. Holà! ho!
Bourgogne à la rescousse!

A l'instant même, les soldats se montrèrent en avant, en arrière et sur les côtés de l'étroit espace que les Suisses occupaient. Les remparts voisins de la tour étaient garnis d'une ligne d'hommes d'armes, des soldats parurent aux portes des maisons et à toutes les fenêtres, armés de fusils, d'arcs et d'arbalètes, et prêts à tirer, ou à tomber sur les Suisses. Ceux qui étaient derrière la barricade se présentèrent, aussi disposés à disputer le passage. La petite troupe, entourée d'ennemis bien supérieurs en nombre, ne parut ni effrayée ni découragée, et prit une attitude défensive. Le Landamman, se portant au centre de bataille, se prépara à forcer la barricade. Les deux autres lignes se mirent dos à dos, pour défendre l'entrée de la rue contre les soldats qui voudraient sortir des maisons. Il était évident que ce n'était que par la force et par l'effusion du sang qu'on pouvait subjuguer cette poignée d'hommes déterminés, même avec une troupe cinq fois plus nombreuse. Archibald le sentit peut-être, et ce fut sans doute la cause du délai qu'il mit à donner le signal de l'attaque.

Un soldat couvert de boue arriva en ce moment tout essoufflé devant le gouverneur, et lui dit que tandis qu'il s'efforçait, quelque temps auparavant, d'arrêter un prisonnier qui s'enfuyait, les bourgeois de la ville l'avaient retenu et presque noyé dans le fossé, et qu'en ce moment les citoyens introduisaient l'ennemi dans la place.

— Kilian s'écria le gouverneur, prends quarante

hommes avec toi, courez à la poterne du nord, et poi-
gnardez, égorgez, précipitez du haut des murailles
quiconque vous trouverez portant les armes, bourgeois
ou étrangers. Laissez-moi le soin de tailler des crou-
pières à ces paysans, de manière ou d'autre.

Mais avant que Kilian eût eu le temps d'obéir aux
ordres de son maître, on entendit de loin pousser de
grands cris. — Bâle! Bâle! liberté! liberté! victoire!

On vit arriver les jeunes gens de Bâle, qui n'étaient
pas assez loin pour que Rodolphe n'eût eu le temps de
les faire avertir par des Suisses qui avaient suivi la
députation à peu de distance pour être à portée de la
secourir si le cas l'exigeait, et enfin les habitans de la
Férette, qui, forcés par le gouverneur de prendre les
armes et de garder les remparts, avaient profité de
cette occasion pour se délivrer de sa tyrannie en ouvrant aux Bâlois la porte par laquelle Arthur s'était
échappé.

La garnison, déjà un peu découragée par la fermeté
des Suisses, qui ne paraissaient pas disposés à céder au
nombre, fut complètement déconcertée par cette insur-
rection inattendue et ces nouveaux ennemis. La plupart des soldats se disposèrent à fuir plutôt qu'à combattre, et un grand nombre se jetèrent du haut des
murailles dans le fossé, regardant cette ressource
comme la meilleure chance de salut. Kilian et quelques
autres que l'orgueil empêchait de fuir, et le désespoir
de demander quartier, se firent tuer sur la place en com-
battant avec fureur. Au milieu de cette confusion, le

Landamman tint sa petite troupe immobile, lui défendant de prendre aucune part à l'action, et lui enjoignant de se borner à se défendre si on l'attaquait.

— Gardez vos rangs! s'écriait-il d'une voix forte, en allant de la ligne droite à la gauche. Où est donc Rodolphe? Défendez votre vie, mais ne tuez personne. Arthur Philipson, ne sortez pas des rangs, vous dis-je.

— Il faut que j'en sorte, répondit Arthur qui avait déjà quitté sa place; il faut que je cherche mon père dans les cachots. Pendant cette confusion, on peut l'assassiner, tandis que je suis ici les bras croisés.

— Par Notre-Dame d'Einsiedlen, vous avez raison, dit Arnold Biederman; comment ai-je pu oublier ainsi mon digne hôte! Je vais vous aider à le chercher, Arthur; d'autant plus que le tumulte paraît tirer à sa fin. Sire porte-bannière, digne Adam Zimmerman, mon ami Nicolas Bonstetten, maintenez nos gens à leurs rangs; qu'ils ne prennent aucune part à cette affaire; que les Bâlois soient responsables de leurs actions. Je reviens dans quelques minutes.

A ces mots il suivit Arthur, à qui sa mémoire retraça assez bien les localités pour qu'il pût trouver sans beaucoup de peine l'escalier qui conduisait au cachot. Ils rencontrèrent sur le palier un homme de mauvaise mine, en justaucorps de buffle, et portant à sa ceinture un trousseau de clefs rouillées qui indiquait la nature de ses fonctions.

— Conduis-nous à la prison du marchand anglais, lui dit Arthur, ou tu meurs de ma main.

— Lequel des deux voulez-vous voir? demanda le geôlier; le vieux ou le jeune?

— Le vieux, répondit Arthur; son fils t'a échappé.

— Entrez donc ici, messieurs, dit le geôlier en levant une lourde barre de fer qui fermait une porte épaisse.

A l'extrémité de ce cachot était assis à terre celui qu'ils cherchaient. Ils le relevèrent à l'instant, et le serrèrent dans leurs bras.

— Mon cher père! mon digne hôte! s'écrièrent en même temps son fils et son ami; comment vous trouvez-vous?

— Bien, mon fils, bien, mon digne ami, répondit Philipson, si, comme je suis porté à le croire d'après vos armes et votre air, vous arrivez ici libres et vainqueurs; mal, si vous y venez partager ma captivité.

— Ne craignez rien à cet égard, dit le Landamman; nous avons été en danger, mais nous en avons été délivrés d'une manière remarquable. Appuyez-vous sur mon bras, mon digne hôte; ce cachot froid et humide vous a engourdi les membres; souffrez que je vous aide à gagner un endroit où vous serez mieux.

Il fut interrompu par un bruit soudain, semblable à un cliquetis de ferraille, et tout-à-fait différent du tumulte qui régnait encore dans la ville, et dont leurs oreilles étaient encore frappées, comme on entend de loin la voix mugissante de l'Océan courroucé.

— Par saint Pierre-ès-Liens! s'écria Arthur, qui avait reconnu sur-le-champ la cause de ce bruit, le geôlier a baissé la barre de la porte, ou elle lui a échappé des mains. Nous sommes sous les verrous, et la porte ne peut s'ouvrir que du dehors. Holà, chien de geôlier! misérable! ouvre la porte, ou ta vie répondra...

— Il n'entend probablement pas vos menaces, lui dit son père, et vos cris ne servent à rien. Mais êtes-vous bien sûrs que les Suisses soient en possession de la ville?

—Nous en sommes les habitans paisibles, répondit le Landamman, mais pas un coup n'a été frappé de notre côté.

— En ce cas, reprit Philipson, vos gens vous retrouveront bientôt. Mon fils et moi nous ne sommes que de pauvres zéros, et l'on pourrait ne pas faire attention à notre absence; mais vous êtes un chiffre trop important pour qu'on ne remarque pas la vôtre quand on récapitulera votre nombre.

— J'espère que c'est ce qui arrivera, dit le Landamman; mais il me semble que je fais une assez sotte figure, enfermé ici comme un chat dans le buffet où il est venu voler de la crème. Arthur, mon brave garçon, ne voyez-vous aucun moyen de faire sauter la barre de fer?

Arthur avait déjà examiné avec soin la porte et la serrure; il répondit qu'il n'en trouvait aucun, qu'il fallait qu'ils s'armassent de patience et qu'ils attendissent, puisqu'ils ne pouvaient accélérer le moment de leur délivrance.

Arnold Biederman parut pourtant un peu piqué de la négligence de ses enfans et de ses compagnons.

— Tous nos jeunes gens, dit-il, ne sachant si je suis

mort ou vivant, profitent sans doute de mon absence pour se livrer à la licence et au pillage. Le politique Rodolphe s'inquiète fort peu, je présume, que je reparaisse ou non. Le porte-bannière Zimmerman, ce fou à barbe grise, Bonstetten, qui se dit mon ami, tous m'ont abandonné, et pourtant ils savent que la sûreté du dernier d'entre eux m'est plus chère que la mienne. De par le ciel! cela m'a l'air d'un stratagème. On dirait que ces jeunes insensés ont voulu se débarrasser d'un homme dont les principes étaient trop réguliers, trop pacifiques pour plaire à des gens qui ne rêvent que guerre et conquêtes.

Pendant que le Landamman, à qui un mouvement d'humeur avait fait perdre la sérénité habituelle de son front, et qui craignait que ses concitoyens se conduisissent mal en son absence, parlait ainsi de ses amis et de ses compagnons, le tumulte qu'on avait entendu jusqu'alors fit place au silence le plus profond.

— Que faire maintenant? dit Arthur; j'espère qu'ils profiteront de ce moment de tranquillité pour faire un appel, et s'assurer s'il ne leur manque personne.

On aurait pu croire que le souhait du jeune Anglais avait été exaucé; car à peine avait-il prononcé ces mots, qu'ils entendirent lever la barre, et virent la porte entr'ouverte par quelqu'un qui monta ensuite l'escalier si rapidement, que ceux qu'il venait de délivrer de prison ne purent apercevoir leur libérateur.

—C'est sans doute le geôlier, dit le Landamman; il a pu avoir quelque raison pour craindre que nous n'ayons plus de ressentiment de notre détention que de reconnaissance de notre mise en liberté.

Tandis qu'il parlait ainsi, ils montaient l'étroit escalier, et, étant sortis de la tour, ils rentrèrent dans la rue, où un spectacle étrange les attendait. Les députés suisses et leur escorte gardaient encore leurs rangs, à l'endroit même où Hagenbach avait eu dessein de les attaquer. Quelques soldats de l'ex-gouverneur, désarmés, et craignant la fureur d'une foule de citoyens qui remplissaient les rues, s'étaient postés, la tête baissée, derrière la petite phalange de montagnards, comme dans le lieu de refuge le plus sûr qu'ils pussent trouver; mais ce n'était pas tout.

Les chariots qu'on avait placés pour obstruer le passage dans la rue étaient alors joints ensemble, et servaient à soutenir une plate-forme, ou, pour mieux dire, un échafaud, qu'on avait construit à la hâte avec des planches. Sur cet échafaud on voyait une chaise sur laquelle était assis un homme de grande taille, ayant la tête, le cou et les épaules nues, et le reste du corps couvert d'une armure complète. Il avait le visage pâle comme la mort, mais Arthur reconnut au premier coup d'œil le barbare gouverneur Archibald Von Hagenbach qui semblait être lié sur la chaise. A sa droite, tout à côté de lui, était le prêtre de Saint-Paul, son bréviaire à la main et murmurant quelques prières. A sa gauche, mais un peu en arrière, on voyait un homme robuste, portant un habit rouge, ayant les deux mains appuyées sur la poignée du sabre nu dont la description a été faite dans un des chapitres précédens. A l'instant même où Arnold Biederman arrivait, et avant qu'il eût le temps de demander ce que signifiait ce qu'il voyait, le prêtre fit quelques pas en arrière, l'exécuteur brandit son sabre, et d'un seul coup fit tomber sur l'échafaud la tête de la victime. Des acclamations générales et des battemens de mains semblables à ceux qu'on accorde à un acteur qui a bien joué son rôle, applaudirent à cet acte de dextérité. Tandis que les artères du tronc répandaient un torrent de sang qu'absorbait la sciure de bois dont l'échafaud était couvert, l'exécuteur se présenta alternativement aux quatre coins, saluant le peuple avec un air de modestie gracieuse, et de nouveaux applaudissemens lui furent donnés.

— Chevaliers, nobles, gentilshommes de naissance libre, bons citoyens, dit-il, vous tous qui avez assisté à cet acte de haute justice, je vous prie de me rendre le témoignage que le jugement a été exécuté suivant la teneur de la sentence, et que la tête a été séparée du tronc d'un seul coup.

De nouvelles acclamations partirent de toutes parts.

— Vive notre *scharfrichter* Steinernherz, et puisse-t-il exercer ses fonctions sur plus d'un tyran !

— Nobles amis, dit l'exécuteur en saluant profondément les citoyens, j'ai encore un mot à vous dire, et je le prononcerai avec fierté : Que Dieu fasse grace à l'ame du brave et noble chevalier Archibald Von Hagenbach ! il a été le patron de ma jeunesse, mon guide dans le chemin de l'honneur. J'ai fait huit pas vers la

liberté et la noblesse en faisant tomber, par son ordre
et son commandement, les têtes de huit nobles et chevaliers; et c'est en tranchant la sienne que je viens de
faire le neuvième, qui me conduit à ce but : en reconnaissance de quoi j'emploierai à faire dire des messes
pour le repos de son ame, l'or contenu dans cette
bourse qu'il m'a donnée il n'y a qu'une heure. Gentilshommes, nobles amis, que je puis regarder à présent
comme mes égaux, la Férette vient de perdre un noble
et d'en gagner un autre. Que Notre Dame soit favorable
au feu chevalier Archibald Von Hagenbach, et qu'elle
bénisse et protège l'avancement dans le monde de Francis Steinernherz Von Blutsacker, maintenant libre et
noble de droit.

A ces mots, détachant la plume qui décorait la toque
du défunt, souillée du sang de celui qui l'avait portée,
et qui était sur l'échafaud près du corps d'Hagenbach,
il la fixa à son bonnet écarlate ; et la foule fit retentir les
airs de nouvelles acclamations, les uns pour l'applau-
dir, les autres pour se moquer de cette ridicule méta-
morphose.

Arnold Biederman retrouva enfin la parole dont la
surprise l'avait d'abord privé. Dans le fait, cette exécution avait eu lieu si rapidement, qu'il lui aurait été impossible d'y opposer son intervention.

— Qui a osé ordonner cette scène tragique? s'écria-
t-il avec indignation; de quel droit a-t-elle eu lieu?

Un jeune homme en habit bleu, richement décoré,
se chargea de lui répondre.

— Les citoyens libres de Bâle ont suivi l'exemple que leur ont donné les pères de la liberté suisse; et la mort du tyran Hagenbach a été prononcée du même droit que celle du tyran Gessler. Nous avons souffert jusqu'à ce que la coupe fût pleine, mais alors nous ne pouvions plus souffrir.

— Je ne dis pas qu'il n'avait pas mérité la mort, répliqua le Landamman; mais par égard pour nous et pour vous-même, vous auriez pu l'épargner jusqu'à ce que le bon plaisir du Duc fût connu.

— Que nous parlez-vous du Duc? s'écria le même jeune homme (Lauwrenz Neipperb, qu'Arthur avait vu au rendez-vous secret des Bâlois, où Rodolphe l'avait conduit), que nous parlez-vous du duc de Bourgogne? nous ne sommes pas ses sujets. L'Empereur, notre seul souverain légitime, n'avait pas le droit de lui donner en gage la ville de la Férette, qui est une dépendance de Bâle, au préjudice de notre ville libre. Il pouvait lui en déléguer les revenus, et, en supposant qu'il l'ait fait, la dette a été payée deux fois, grace aux exactions de cet oppresseur, qui vient de recevoir un châtiment mérité. Mais continuez votre route, Landamman d'Underwald. Si notre conduite vous déplaît, allez la désavouer au pied du trône du duc de Bourgogne, mais ce sera désavouer en même temps Guillaume Tell, Stauffacher, Furst et Melchtal, les pères de la liberté suisse.

— Vous avez raison, répondit Arnold Biederman, mais le moment est malheureux et mal choisi. La patience aurait remédié à tous vos maux; personne ne les

ressentait plus vivement, et n'aurait plus ardemment
désiré vous en délivrer que celui qui vous parle. Mais,
jeune imprudent, vous avez oublié la retenue convenable à votre âge, et la soumission que vous devez à vos
magistrats. Guillaume Tell et ses collègues étaient des
hommes à qui leurs années avaient donné de l'expérience et du jugement; ils étaient époux et pères; ils
avaient le droit de siéger au conseil, et d'être les premiers à agir. Suffit! je laisse aux magistrats et aux sé-
nateurs de votre ville le soin d'approuver ou de blâ-
mer votre conduite. Mais vous, porte-bannière de
Berne, vous, Zimmerman, vous, Rodolphe, vous,
surtout, mon camarade et mon ami, Nicolas Bonstetten, pourquoi n'avez-vous pas pris ce misérable
sous votre protection? vous auriez par là prouvé
au duc de Bourgogne que nous étions calomniés par
ceux qui prétendent que nous cherchons une occasion
de rupture avec lui et que nous excitons ses sujets à la
révolte. Maintenant toutes ces préventions se trouveront confirmées dans l'esprit des gens qui retiennent
plus facilement une mauvaise impression qu'ils n'en
conçoivent une favorable.

— Aussi vrai que je vis de pain, voisin et compère,
répondit Bonstetten, j'avais songé à faire mot à mot
tout ce que vous venez de dire, et j'étais sur le point
d'avancer au secours du gouverneur, quand Rodolphe
Donnerhugel m'a rappelé que vous aviez donné ordre
qu'aucun Suisse ne quittât ses rangs, et qu'on laissât
les habitans de Bâle responsables de leurs actions. A

coup sûr, me dis-je alors à moi-même, mon compère Arnold sait mieux qu'aucun de nous ce qu'il convient de faire.

— Ah, Rodolphe! Rodolphe! dit le Landamman en le regardant d'un air mécontent, ne rougissez-vous pas d'avoir ainsi trompé un vieillard?

— Moi l'avoir trompé! c'est une accusation dure à entendre, Landamman, dit Rodolphe avec son ton de déférence ordinaire, mais il n'est rien que je ne puisse supporter de votre part. Je dirai seulement qu'étant membre de cette députation, c'est un devoir pour moi de penser et de donner mon opinion, surtout en l'absence de celui qui est assez sage pour nous conduire et nous diriger tous.

— Vous avez toujours de belles paroles, Rodolphe, répliqua Arnold Biederman, et j'espère que vos intentions sont aussi pures; cependant il y a des instans où je ne puis m'empêcher d'en douter. Quoi qu'il en soit, n'ayons pas de querelles entre nous, et maintenant donnez-moi votre avis, mes amis. Rendons-nous pour cela à l'endroit le plus convenable, dans cette église. Nous remercierons d'abord le ciel de nous avoir protégés contre l'assassinat, et nous tiendrons ensuite conseil sur ce que nous devons faire.

Le Landamman marcha en avant, et ses collègues le suivirent dans l'église de Saint-Paul. Rodolphe, comme le plus jeune, laissa passer les autres avant lui, et saisit cette occasion pour faire signe à Rudiger, l'aîné des fils d'Arnold Biederman, de venir lui parler, et

pour lui dire à l'oreille de débarrasser la députation des
deux marchands anglais.

— Il faut qu'ils partent, mon cher Rudiger, dit-il;
emploie des moyens de douceur, s'il est possible, mais
il faut qu'ils partent sur-le-champ. Ton père est comme
ensorcelé par ces deux colporteurs anglais, et il n'é-
coutera que leurs conseils. Or, tu sais, comme moi,
mon cher Rudiger, qu'il n'appartient pas à de pareils
hommes de faire la loi à des Suisses libres. Tâche de
retrouver les marchandises de clinquant qu'on leur a
volées, ou du moins ce qui en reste, aussi promptement
que tu le pourras, et, au nom du ciel, fais-les partir.

Rudiger ne lui répondit que par un signe d'intelligence, et alla offrir ses services à Philipson pour faci-
liter son départ. Le marchand prudent désirait s'éloigner
de la scène de confusion que présentait la ville, autant
que le jeune Suisse souhaitait le voir en marche. Il voulait seulement tâcher de recouvrer la petite boîte de
sandal dont le gouverneur s'était emparé. Rudiger Biederman s'occupa donc sur-le-champ d'une recherche
exacte pour retrouver cet écrin précieux, et il était
d'autant plus à espérer qu'elle ne serait pas inutile,
que la simplicité des Suisses empêchait qu'ils n'atta-
chassent aux bijoux qui y étaient contenus leur valeur
véritable. On fouilla donc avec le plus grand soin non-
seulement les poches du feu gouverneur, mais de tous
ceux qui avaient approché de lui à l'instant de son
exécution, et ceux qu'on supposait avoir joui de sa
confiance.

Arthur aurait volontiers dérobé quelques momens pour faire ses adieux à Anne de Geierstein, mais le grand voile gris ne se voyait plus dans les rangs des Suisses ; et il était raisonnable de croire que pendant la confusion qui avait suivi l'exécution d'Archibal Von Hagenbach, et tandis que les membres de la députation étaient réunis dans l'église, elle s'était réfugiée dans quelque maison voisine : car les soldats qui l'entouraient, n'étant plus retenus par la présence de leurs chefs, s'étaient dispersés, les uns pour chercher les marchandises dont les Anglais avaient été dépouillés, les autres pour partager les réjouissances des jeunes Bâlois victorieux et des bourgeois de la Férette qui les avaient admis de si bon cœur dans l'intérieur de leur ville.

Le cri général qui s'élevait parmi eux était qu'il fallait que la Férette, qui avait si long-temps été considérée comme le frein des Suisses Confédérés, et comme une barrière contre leur commerce, reçût une garnison pour les protéger contre la tyrannie et les exactions du duc de Bourgogne et de ses officiers. Toute la ville était livrée à des transports de joie désordonnés ; les citoyens se disputaient à qui offrirait des rafraîchissemens aux Suisses, et les jeunes gens qui servaient d'escorte à la députation profitaient gaiement et avec un air de triomphe des circonstances grace auxquelles l'embuscade préparée contre eux par la trahison s'était changée en un accueil hospitalier.

Au milieu de cette scène de confusion, il était impossible qu'Arthur quittât son père, même pour céder

au mouvement qui lui faisait désirer d'avoir quelques
instans à sa disposition. Triste, sombre et pensif, il
resta donc près de lui, pour l'aider à remettre en ordre
et à placer sur leur mule leurs balles et leurs valises ;
car les jeunes Suisses avaient réussi à les recouvrer
après la mort du gouverneur, et ils s'empressaient à
l'envi l'un de l'autre de les rapporter à celui qui en
était le propriétaire légitime. C'était même avec difficulté que Philipson, à qui Hagenbach n'avait pas songé
à prendre l'argent comptant qu'il portait sur lui, venait à bout de les forcer à accepter la récompense qu'il
croyait devoir à ceux qui lui rendaient ses propriétés.
Ceux-ci, dans leurs idées simples et bornées, regardaient cette récompense comme beaucoup au-dessus de
la valeur de ce qu'ils lui rapportaient.

Cette scène avait à peine duré dix à quinze minutes,
quand Rodolphe Donnerhugel s'approcha de Philipson,
et l'invita, de la manière la plus polie, à se rendre avec
lui près du conseil des chefs de la députation des Cantons suisses, qui désiraient, dit-il, avoir les lumières
de son expérience sur quelques questions importantes,
relativement à la conduite qu'ils devaient tenir dans
cette circonstance inattendue.

— Veillez à nos affaires, Arthur, et ne bougez pas de
l'endroit où je vous laisse, dit Philipson à son fils.
Songez surtout au paquet scellé dont j'ai été dépouillé
d'une manière si illégale et si infame : il est de la plus
grande importance qu'il se retrouve.

A ces mots, il se prépara à suivre le jeune Bernois ;

et celui-ci lui dit à demi-voix, d'un ton confidentiel, tandis qu'ils se rendaient, en se tenant par le bras, à l'église Saint-Paul :

— Je crois qu'un homme sage comme vous l'êtes ne sera guère porté à nous conseiller de nous rendre devant le duc de Bourgogne, dans un moment où il va être courroucé de la perte de sa forteresse et de l'exécution de son gouverneur. Du moins, je suppose que vous serez trop judicieux pour nous accorder plus longtemps l'avantage de votre compagnie et de votre société, puisque ce ne serait que vous exposer volontairement à partager notre naufrage.

— Je donnerai le meilleur avis qu'il me sera possible, répondit Philipson, quand je saurai plus particulièrement quelles sont les circonstances qui font qu'on me le demande.

Rodolphe proféra à demi-voix un jurement, ou du moins une exclamation d'humeur, et conduisit Philipson à l'église sans lui produire de nouveaux argumens.

Les quatre députés étaient assemblés en conclave dans une petite chapelle de l'église, dédiée à saint Magnus, martyr. Ils étaient devant la statue du saint héros, représenté armé comme lorsqu'il vivait. Le prêtre de Saint-Paul y était aussi présent, et semblait prendre un vif intérêt à la discussion qui avait lieu. Il y eut un instant de silence général quand Philipson arriva, et le Landamman lui adressa ensuite la parole en ces termes :

— Signor Philipson, nous vous regardons comme

un homme ayant beaucoup voyagé, au fait des mœurs
des pays étrangers, et connaissant le caractère de Charles, duc de Bourgogne; vous n'ignorez pas que nous
portons dans cette mission le désir ardent de maintenir
la paix avec ce prince; vous savez aussi ce qui vient de
se passer aujourd'hui, et qu'on aura probablement soin
de lui peindre sous les couleurs les plus défavorables.
Nous conseilleriez-vous, en pareil cas, de nous rendre
en présence du Duc, chargés de tout l'odieux de cet événement, ou croyez-vous que nous ferions mieux de
retourner en Suisse, et de nous préparer à la guerre
contre la Bourgogne?

— Que pensez-vous vous-mêmes à ce sujet? demanda
l'Anglais circonspect.

— Nous sommes divisés d'opinions, répondit le député de Berne. Pendant trente ans j'ai porté la bannière
de Berne contre ses ennemis, et je suis plus disposé à la
porter encore contre les lances des chevaliers du Hainaut et de la Lorraine, qu'à souffrir le traitement insul-
tant auquel nous devons nous attendre au pied du trône
du Duc.

— C'est placer notre tête dans la gueule du lion, si
nous nous présentons devant lui, dit Zimmerman, le
député de Soleure. Mon avis est que nous retournions
sur nos pas.

—S'il ne s'agissait que de ma vie, dit Rodolphe Donnerhugel, je ne conseillerais pas la retraite; mais le Landamman d'Underwald est le père des Cantons-Unis, et
ce serait un parricide que de consentir à mettre sa vie

12.

en péril. Mon avis est que nous retournions en Suisse, et que la Confédération prenne une attitude défensive.

— Mon opinion est toute différente, dit Arnold Biederman, et je ne pardonnerai à qui que ce soit qui, par amitié véritable ou prétendue, mettra mon humble existence en balance avec l'avantage des Cantons. Si nous marchons en avant, nous risquons notre tête : soit. Mais si nous retournons en arrière, nous entraînons notre pays dans une guerre contre une des premières puissances de l'Europe. Dignes concitoyens, vous êtes braves quand il s'agit de combattre ; montrez à présent une bravoure non moins intrépide, et n'hésitons pas à nous exposer aux dangers personnels qui peuvent nous menacer, quand ils nous offrent une chance de paix pour notre patrie.

— Je pense et je vote comme mon voisin et mon compère Arnold Biederman, dit le député laconique de Schwitz.

— Vous voyez que nous sommes divisés d'opinions, dit le Landamman à Philipson. Quelle est la vôtre ?

— Je vous demanderai d'abord, répondit Philipson, quelle part vous avez prise à l'assaut d'une ville occupée par les forces du Duc, et à la mort de son gouverneur ?

— J'atteste le ciel, dit le Landamman, que jusqu'au moment où la ville a été prise d'une manière si inattendue, j'ignorais ce projet d'attaque.

— Et quant à l'exécution du gouverneur, dit le prêtre de Saint-Paul, je vous jure, étranger, par mon saint ordre, qu'elle a eu lieu en vertu d'une sentence qui a été rendue par un tribunal compétent, et que Charles, duc de Bourgogne, lui-même est tenu de respecter. Les membres de la députation suisse ne pouvaient ni accélérer ni retarder les suites de ce jugement.

— S'il en est ainsi, dit Philipson, et si vous pouvez prouver que vous n'avez pris aucune part à ces événemens, qui doivent nécessairement enflammer de courroux le duc de Bourgogne, l'avis que j'ai à vous donner est certainement de continuer votre voyage: vous pouvez être sûrs que ce prince vous écoutera avec justice et impartialité, et peut-être en obtiendrez-vous une réponse favorable. Je connais Charles de Bourgogne; je puis même dire, prenant en considération la différence de condition et de rang, que je le connais bien. Son courroux sera terrible quand il apprendra ce qui vient de se passer ici; et je ne doute pas qu'il ne commence par vous en accuser; mais si, lors de l'examen qu'il fera de toutes les circonstances de ces événemens, vous êtes en état de vous justifier de ces fausses accusations, le sentiment intime de sa première injustice fera pencher la balance en votre faveur, et, en ce cas, d'un excès de sévérité il tombera peut-être dans une excessive indulgence. Mais il faut que votre cause soit plaidée avec fermeté devant le Duc par quelque bouche qui connaisse mieux que la vôtre le langage des cours. J'aurais pu vous rendre ce service d'ami, si je n'eusse été dépouillé d'un paquet précieux que je portais au Duc, et qui devait être la preuve de ma mission auprès de lui.

— C'est un misérable prétexte, dit Donnerhugel à l'oreille du porte-bannière, pour obtenir de nous une indemnité des marchandises qu'on lui a volées.

Le Landamman lui-même eut peut-être un moment la même idée.

— Marchand, dit-il, nous nous regardons comme tenus de vous indemniser, c'est-à-dire si nos moyens peuvent y suffire, des pertes que vous avez pu faire en comptant sur notre protection.

— Et nous le ferons, dit le vieux député de Schwitz, quand même il devrait nous en coûter vingt sequins.

— Je ne puis avoir droit à aucune indemnité, répondit Philipson, puisque je m'étais séparé de vous avant d'avoir souffert aucune perte ; et si je regrette cette perte, c'est moins pour l'objet en lui-même, quoiqu'il soit d'une valeur beaucoup plus considérable que vous ne pouvez vous l'imaginer, que parce que c'était un signe de reconnaissance entre une personne de grande importance et le duc de Bourgogne. Maintenant que j'en suis privé, je crains de n'avoir pas auprès de Sa Grace le crédit que je désirerais avoir, tant pour moi que pour vous. Sans cet objet, et ne m'adressant à lui que comme un voyageur, un particulier, je ne puis parler comme je l'aurais fait si j'avais pu employer le nom des personnes qui m'ont chargé de cette mission.

— Le paquet important, dit le Landamman, sera cherché soigneusement, et l'on aura soin de vous le faire rendre. Quant à nous, pas un seul Suisse ne connaît la valeur de ce qu'il contient, et s'il est tombé dans les mains de quelqu'un de nos gens, il le rapportera comme une bagatelle à laquelle il n'attache aucun prix.

Comme il parlait ainsi, on frappa à la porte de la chapelle. Rodolphe, qui en était le plus près, entra en pourparlers avec ceux qui étaient en dehors, et dit avec un sourire qu'il réprima sur-le-champ, de peur d'offenser Arnold Biederman : — C'est ce bon jeune homme, Sigismond : l'admettrai-je à notre délibération ?

— Le pauvre garçon ! à quoi bon ? dit le Landamman avec un sourire mélancolique.

— Permettez-moi pourtant de lui ouvrir la porte, dit Philipson ; il désire entrer, et peut-être a-t-il des nouvelles à nous apprendre. J'ai remarqué, Landamman, que, quoiqu'il soit lent à concevoir ses idées et à les expliquer, il en a quelquefois d'heureuses, et qu'il est ferme dans ses principes.

Il fit donc entrer Sigismond, tandis qu'Arnold Biederman, quoique sensible au compliment que Philipson venait de faire à un jeune homme dont l'esprit était certainement le plus lourd de toute sa famille, craignait que son fils ne donnât quelque preuve publique de la pauvreté de son génie ou de son manque total d'intelligence. Sigismond entra pourtant avec un air de confiance, et certainement ce n'était pas sans raison, car, pour toute explication, il présenta à Philipson le collier de brillans, avec la boîte qui le contenait.

— Cette jolie chose est à vous, lui dit-il ; du moins c'est ce que je viens d'apprendre de votre fils Arthur, qui m'a dit que vous serez charmé de l'avoir retrouvée.

— Je vous remercie de tout mon cœur, répondit le marchand. Ce collier est certainement à moi, c'est-à-dire le paquet qui le contenait m'a été confié; et il est pour moi en ce moment d'un bien plus grand prix que sa valeur réelle, puisqu'il est le gage et la preuve de la mission importante dont j'ai à m'acquitter. Mais, mon jeune ami, continua-t-il en s'adressant à Sigismond, comment avez-vous été assez heureux pour recouvrer ce que nous avions inutilement cherché jusqu'ici? Recevez tous mes remerciemens, et ne me croyez pas trop curieux si je vous demande comment vous vous en trouvez en possession.

— Quant à cela, répondit Sigismond, l'histoire ne sera pas bien longue; je m'étais planté aussi près de l'échafaud que je l'avais pu, n'ayant jamais vu d'exécution. Je remarquai que l'exécuteur, qui me parut remplir ses fonctions très-adroitement, à l'instant où il couvrait d'un drap le corps du défunt, lui prenait dans la poche quelque chose qu'il mit à la hâte dans la sienne: si bien que, lorsque j'entendis dire qu'il y avait un objet de valeur qu'on ne pouvait retrouver, je me mis à la recherche du coquin. J'appris qu'il était allé commander des messes jusqu'à concurrence de cent couronnes, au grand autel de Saint-Paul, et je réussis à apprendre qu'il était dans une taverne de la ville, où quelques hommes de mauvaise mine buvaient joyeusement à sa santé, en félicitation de ce qu'il était devenu libre et noble. Je me présentai au milieu d'eux, ma pertuisane

à la main, et je sommai Monseigneur de me remettre
ce dont il s'était emparé, s'il ne voulait sentir le poids
de mon arme. Sa Seigneurie le Bourreau hésita, et il
avait envie de me chercher querelle; mais j'insistai de
telle sorte qu'il jugea à propos de me remettre le paquet, et j'espère, signor Philipson, que vous y trouverez tout ce qu'on vous a pris. Je les laissai continuer
à se divertir, et... et... et voilà toute l'histoire.

— Vous êtes un brave garçon, dit Philipson; et
quand le cœur va toujours droit, la tête ne peut aller
de travers que rarement. Mais l'église ne perdra pas ce
qui lui est dû, et avant de quitter la Férette je me
charge de payer les messes que cet homme avait de-
mandées pour le repos de l'ame d'Archibald Von Hagen-
bac, qui a été si brusquement congédié de ce monde.

Sigismond allait répliquer; mais Philipson, craignant
que la simplicité de ce jeune homme ne lui fît dire quelque chose qui pourrait diminuer le plaisir que le Landamman éprouvait de la conduite de son fils, se hâta
d'ajouter :

— Maintenant, mon jeune ami, reprends cette boîte,
et porte-la sur-le-champ à mon fils Arthur.

Evidemment satisfait de recevoir des applaudissemens auxquels il était peu habitué, Sigismond partit
sur-le-champ, et il ne resta plus dans la chapelle que
les membres du conseil.

Il y eut un moment de silence, car le Landamman
ne pouvait s'empêcher de se livrer au plaisir dont il
jouissait en voyant la sagacité que le pauvre Sigismond

avait montrée en cette occasion, quoiqu'on ne dût guère s'y attendre, d'après la teneur générale de sa conduite. C'était pourtant un sentiment auquel les circonstances ne lui permettaient pas de s'abandonner publiquement, et il se réserva la satisfaction d'en jouir ensuite en secret, en dédommagement des inquiétudes qu'il avait conçues si souvent sur l'intelligence bornée de ce jeune homme plein de simplicité. Enfin il s'adressa à Philipson avec l'air franc et ouvert qui lui était naturel.

— Signor Philipson, lui dit-il, nous ne vous regarderons pas comme lié par les offres que vous nous avez faites quand ces pierres brillantes n'étaient plus en votre possession, parce que souvent un homme peut croire que, s'il était dans telle position, il pourrait faire des choses qu'il trouve hors de sa portée quand il y est arrivé; mais à présent que vous avez si heureusement et d'une manière si inattendue recouvré la possession de l'objet que vous disiez devoir vous donner un certain crédit auprès du duc de Bourgogne, je vous demande si vous croyez pouvoir nous servir de médiateur auprès de lui, comme vous nous l'aviez proposé auparavant.

Tous se penchèrent en avant pour mieux entendre la réponse du marchand.

— Landamman, dit Philipson, jamais, dans un moment de difficulté, je n'ai fait une promesse que je ne fusse prêt à tenir quand cette difficulté n'existe plus. Vous dites que vous n'avez pris aucune part à l'attaque de la Férette, et je vous crois. Vous dites aussi que l'exécution d'Archibald Von Hagenbach a eu lieu en

vertu d'une sentence sur laquelle vous n'avez eu ni pu
avoir aucune influence. Rédigez un procès-verbal consta-
tant toutes ces circonstances, avec les preuves, autant
que faire se pourra ; confiez-moi cette pièce sous votre
sceau, si vous le jugez convenable, et, si ces faits sont
bien établis, je vous donne ma parole de... de... d'honnête homme et d'Anglais né libre, que le duc de Bourgogne ne vous retiendra pas prisonnier, et ne vous fera
aucune injure personnelle. J'espère aussi prouver à
Charles, par de fortes et puissantes raisons, qu'un traité
d'amitié entre la Bourgogne et les Cantons-Unis de
l'Helvétie serait de sa part une mesure sage et généreuse.
Il est possible que j'échoue à l'égard de ce dernier point,
et en ce cas j'en serai profondément affligé. Mais en vous
garantissant votre arrivée sans danger à la cour du Duc,
et votre paisible retour dans votre pays, je ne crois pas
que je risque de me tromper. Si je suis dans l'erreur,
ma vie et celle de mon fils unique, de mon fils chéri,
paieront la rançon de mon excès de confiance dans
l'honneur et dans la justice du Duc.

Les autres députés gardèrent le silence, et restèrent
les yeux fixés sur le Landamman ; mais Rodolphe Donnerhugel prit la parole.

— Devons-nous donc, s'écria-t-il, exposer notre vie,
et, ce qui nous est encore plus cher, celle de notre
honorable collègue, Arnold Biederman, sur la simple
parole d'un marchand étranger ? Nous connaissons
tous le caractère du Duc ; nous savons quelle haine l'a
toujours animé contre notre patrie et ses intérêts. Il

me semble que ce marchand anglais devrait nous expliquer plus clairement sur quoi est fondé son espoir
de crédit à la cour de Bourgogne, s'il veut que nous
lui accordions une confiance si entière.

— C'est ce que je ne suis pas libre de faire, Rodolphe
Donnerhugel, répondit le marchand ; je ne cherche
point à connaître vos secrets d'aucune espèce ; les miens
sont sacrés. Si je ne consultais que ma propre sûreté,
le parti le plus sage que j'aurais à prendre, ce serait
de me séparer de vous en ce moment. Mais le but de
votre mission est la paix ; votre retour immédiat en
Suisse, après ce qui vient de se passer à la Férette,
rendrait la guerre inévitable : or, je crois pouvoir vous
garantir une audience où vous parlerez au Duc librement et sans danger ; et quand il s'agit d'assurer la paix
de la chrétienté, je suis disposé à braver tous les périls
personnels qui pourraient me menacer.

— N'en dites pas davantage, digne Philipson, reprit
le Landamman ; nous ne doutons pas de votre bonne
foi, et malheur à qui ne peut en lire le caractère gravé
sur votre front ! Nous marcherons donc en avant, prêts
à hasarder notre sûreté à la cour d'un prince despote,
plutôt que de ne pas nous acquitter de la mission dont
notre pays nous a chargés. Celui qui ne risque que sa
vie sur le champ de bataille, n'est brave qu'à demi. Il
y a d'autres dangers qu'il est également honorable d'af-
fronter ; et, puisque l'intérêt de la Suisse exige que
nous nous y exposions, aucun de nous n'hésitera à en
courir le risque.

Les autres membres de la députation annoncèrent leur assentiment par un signe de tête; le conclave se sépara, et l'on ne songea plus qu'à se préparer à entrer en Bourgogne.

CHAPITRE XVII.

—

« Le soleil , sur le point de finir sa carrière,
« Frappait de ses derniers rayons
« La côte des rochers tapissés de bruyère ,
« Et du Rhin dorait les sillons.
                                      SOUTHEY.

Les députés suisses consultèrent alors le marchand anglais sur tous leurs mouvemens. Il les exhorta à faire leur voyage avec toute la diligence possible, afin d'être les premiers à rendre compte au Duc des événemens qui venaient de se passer à la Férette, et de prévenir ainsi les bruits défavorables qui pourraient arriver jusqu'à lui sur leur conduite en cette occasion. Philipson leur

recommanda aussi de congédier leur escorte ; les armes
et le nombre de ceux qui la composaient pouvaient
donner de l'ombrage et de la défiance, et elle était trop
faible pour les défendre. Enfin il leur conseilla de se
rendre soit à Dijon, soit en tout autre endroit où le
Duc pourrait être alors, à grandes journées et à cheval.

Cette dernière proposition éprouva pourtant une résistance invincible de la part de l'individu qui s'était
montré jusqu'alors le plus maniable de tous les députés,
et l'écho perpétuel du bon plaisir du Landamman.
Quoique Arnold Biederman eût déclaré que l'avis de
Philipson était excellent, l'opposition de Nicolas Bonstetten fut absolue et insurmontable, parce que, s'étant
jusqu'alors fié à ses jambes pour le transporter d'un
endroit à un autre, il lui était impossible de se résoudre
à se livrer à la discrétion d'un cheval. Comme on le
trouva obstiné sur ce point, il fut définitivement résolu
que les deux Anglais partiraient d'avance, marcheraient
avec toute la célérité possible, et que Philipson infor-
merait le Duc de tout ce qu'il avait vu lui-même de la
prise de la Férette. Le Landamman l'assura en outre
que les détails relatifs à la mort de gouverneur seraient
envoyés au Duc par un homme de confiance, dont l'at-
testation à ce sujet ne pourrait être révoquée en doute.

Cette marche fut adoptée, Philipson assurant qu'il
espérait obtenir du Duc une audience particulière aussitôt son arrivée.

— Vous avez droit de compter sur mon intercession,
dit-il ; elle s'étendra aussi loin qu'il sera possible, et

personne ne peut mieux que moi rendre témoignage de la cruauté et de la rapacité insatiable d'Archibald Von Hagenbach, puisque j'ai été si près d'en être victime. Mais quant à son jugement et à son exécution, je ne sais et ne puis rien dire à ce sujet; et comme le duc Charles demandera certainement pourquoi l'exécution de son gouverneur a eu lieu sans un appel à son propre tribunal, il est à propos ou que vous m'appreniez les faits que vous avez à alléguer, ou du moins que vous envoyiez le plus promptement possible tous les renseignemens et toutes les preuves que vous avez à lui soumettre sur ce point important.

La proposition du marchand fit naître un embarras visible sur les traits du Landamman; et ce fut évidemment en hésitant qu'Arnold Biederman l'ayant tiré un peu à l'écart, lui dit à demi-voix :

— Mon digne ami, les mystères sont en général comme les tristes brouillards qui voilent les traits les plus nobles de la nature; mais de même que ces brouillards, ils surviennent quelquefois quand nous le voudrions le moins, et quand nous désirerions montrer le plus de franchise et d'ouverture de cœur. Vous avez vu la manière dont Hagenbach a été mis à mort; nous aurons soin de faire savoir au Duc en vertu de quelle autorité il y a été condamné. C'est tout ce que je puis vous dire en ce moment sur ce sujet, et permettez-moi d'ajouter que, moins vous en parlerez à qui que ce soit, moins vous serez dans le cas d'en éprouver quelque inconvénient.

— Digne Landamman, dit l'Anglais, de même que vous, je déteste les mystères, tant par esprit national que par mon caractère personnel. Cependant j'ai une si ferme confiance dans votre honneur et dans votre franchise, que vous serez mon guide dans ces circonstances obscures et secrètes, comme au milieu des brouillards et des rochers de votre pays natal. Dans l'un et dans l'autre cas, je suis décidé à accorder une confiance sans bornes à votre sagacité. Permettez-moi seulement de vous recommander que les explications que vous devez donner à Charles lui soient envoyées aussi promptement qu'elles doivent être claires et franches. Les choses étant ainsi, je me flatte que mon humble crédit auprès du Duc pourra mettre un certain poids dans la balance en votre faveur. Et maintenant, nous allons nous séparer, mais, comme je l'espère, pour nous rejoindre bientôt.

Philipson alla retrouver son fils, qu'il chargea de louer des chevaux et de chercher un guide pour les conduire en toute diligence en présence du duc de Bourgogne. Ayant questionné divers habitans de la ville, et notamment quelques soldats du feu gouverneur, ils apprirent enfin que Charles était occupé depuis quelque temps à prendre possession de la Lorraine, et que soupçonnant à l'empereur d'Allemagne et à Sigismond, duc d'Autriche, des intentions peu amicales à son égard, il avait rassemblé près de Strasbourg une partie considérable de son armée, afin d'être prêt à réprimer toute tentative que pourraient faire ces princes ou les villes libres de l'Empire pour l'arrêter dans le cours de ses

conquêtes. Le duc de Bourgogne, à cette époque, méritait bien le surnom de Téméraire (1), puisque, entouré d'ennemis, comme un des plus nobles animaux
que poursuivent les chasseurs, il tenait en respect,
par son maintien ferme et audacieux, non seulement
les princes et les États dont nous venons de parler,
mais même le roi de France, non moins puissant et
beaucoup meilleur politique qu'il ne l'était lui-même.

Les deux voyageurs se dirigèrent donc vers le camp
du duc de Bourgogne, chacun d'eux étant livré à des
réflexions profondes et mélancoliques, qui l'empêchaient peut-être de faire beaucoup d'attention à ce qui
se passait dans l'esprit de son compagnon; ils marchaient en hommes absorbés dans leurs pensées, et s'en-
tretenaient moins fréquemment qu'ils n'avaient été habitués à le faire dans leurs voyages précédens. Le noble
caractère de Philipson, son respect pour la probité du
Landamman, et sa reconnaissance de l'hospitalité qu'il
en avait reçue, l'avaient empêché de séparer sa cause de
celle des députés suisses et il ne se repentait nullement
de la générosité qui l'avait déterminé à leur rester attaché. Mais quand il se rappelait la nature et l'importance
de l'affaire personnelle dont il avait à traiter avec un prince
fier, impérieux et irritable, il ne pouvait s'empêcher de
regretter que les circonstances eussent mêlé sa mission
particulière, si intéressante pour lui et pour ses amis,

(1) « *Charles the bold.* » L'épithète anglaise signifie *le hardi,* et
peut se prendre en meilleure part que notre épithète de *téméraire.* — Éd.

avec celle de personnes que le Duc verrait probablement de si mauvais œil qu'Arnold Biederman et
ses compagnons ; quelque reconnaissant qu'il fût de
l'accueil hospitalier qui lui avait été fait à Geierstein, il était fâché que la nécessité l'eût forcé d'en
profiter.

Les idées qui occupaient Arthur n'étaient pas d'un
genre plus satisfaisant. Il se trouvait de nouveau séparé
de l'objet vers lequel, presque malgré sa propre volonté,
ses pensées se reportaient sans cesse ; et cette seconde
séparation avait eu lieu après qu'il avait contracté une
dette nouvelle de reconnaissance, et lorsque son imagination ardente avait trouvé pour s'en occuper l'attrait
de certaines circonstances mystérieuses. Comment pouvait-il concilier le caractère d'Anne de Geierstein, qu'il
avait connue si douce, si franche, si pure, si simple,
avec celui de la fille d'un sage, d'un esprit élémentaire,
pour qui la nuit était comme le jour, à qui un cachot
impénétrable était ouvert comme le portique d'un temple ? Pouvait-il identifier deux êtres si différens, ou,
quoique offrant aux yeux la même forme et les mêmes
traits, l'un était-il une habitante de la terre, l'autre un
fantôme auquel il était permis de se montrer parmi des
créatures d'une essence différente de la sienne ?..... Ne
la reverrait-il plus ? Ne recevrait-il jamais de sa propre
bouche l'explication des mystères qui se rattachaient
d'une manière si étrange à tout ce qu'il se rappelait
d'elle ? Telles étaient les questions qui occupaient l'esprit du jeune voyageur, et qui l'empêchaient d'inter-

rompre la rêverie dans laquelle son père était plongé, et même d'y faire attention.

Si l'un ou l'autre des deux voyageurs eût été disposé à tirer quelque amusement de la vue du pays traversé par la route qu'ils suivaient, les environs du Rhin étaient bien propres à leur en procurer. La rive gauche de ce noble fleuve offre, à la vérité, un pays plat et uniforme; car la chaîne des montagnes d'Alsace, qui en suit le cours, ne s'en approche pas assez pour varier la surface unie de la vallée qui la sépare de ses rives; mais ce grand fleuve, roulant ses eaux avec impétuosité, et se précipitant autour des îles qui veulent en interrompre le cours, est en lui-même un des spectacles les plus majestueux qu'offre la nature; la rive droite en est ornée et embellie de montagnes nombreuses, couvertes de bois et séparées par des vallées: c'est ce qui forme le pays si connu sous le nom de la Forêt-Noire, dont la superstition crédule rapporte tant de sombres légendes. Ce canton avait aussi de justes et véritables objets de terreur. Les vieux châteaux qu'on voyait de temps en temps sur les bords du Rhin, ou sur ceux des torrens et des rivières qui y portent leurs eaux, n'étaient point alors des ruines pittoresques, rendues intéressantes par l'histoire de leurs anciens habitans; ils étaient encore les forteresses véritables, et imprenables en apparence, de ces chevaliers-brigands dont nous avons déjà parlé plus d'une fois, et dont nous avons lu tant d'histoires étranges depuis que Goëthe, auteur né pour tirer de son long sommeil la gloire littéraire de l'Alle-

magne, a mis en forme de drame celle de Goetz de Ber-
lichingen (1). Les dangers auxquels exposait le voisinage
de ces citadelles n'étaient connus que sur la rive droite
du Rhin, c'est-à-dire du côté de l'Allemagne; car la
largeur et la profondeur de ce noble fleuve empêchaient
ces maraudeurs de faire des excursions en Alsace. Cette
rive était en possession des villes libres de l'Empire, et
par conséquent la tyrannie féodale des seigneurs ger-
maniques pesait principalement sur leurs propres concitoyens, qui, irrités de leurs oppressions et épuisés
par leurs rapines, étaient obligés d'y opposer des barrières d'une nature aussi extraordinaire que les griefs
dont ils cherchaient à se défendre.

Mais la rive gauche du fleuve, sur la plus grande
partie de laquelle Charles, duc de Bourgogne, exerçait
son autorité à différens titres, était sous la protection
régulière des magistrats ordinaires, qui, pour s'acquitter
de leurs devoirs, étaient soutenus par des troupes nombreuses de soldats stipendiés, dont la solde se payait
sur les revenus privés de Charles; car, de même que
Louis son rival, et d'autres princes de cette époque, il
avait reconnu que le système féodal donnait aux vassaux
un degré d'indépendance qui pouvait être dangereux,
et il avait pensé qu'il valait mieux y substituer une armée
permanente, composée de compagnies-franches, ou
soldats de profession. L'Italie fournissait la plupart de

(1) Sir Walter Scott a traduit lui-même en anglais ce drame
romantique. — ÉD.

ces bandes, qui formaient la force de l'armée de Charles, ou qui du moins en étaient la partie en laquelle il avait le plus de confiance.

Nos voyageurs continuèrent donc leur chemin sur les bords du Rhin, avec autant de sécurité qu'on pouvait en espérer dans ce temps de violence et de désordre. Enfin Philipson, après avoir examiné quelque temps le guide qu'Arthur avait loué, demanda tout à coup à son fils qui était cet homme.

Arthur lui répondit qu'il avait mis trop d'empressement à trouver quelqu'un qui connût bien la route, et qui fût disposé à leur servir de guide, pour avoir eu le temps de prendre des informations bien exactes sur sa qualité et sa profession; mais que, d'après son extérieur, il pensait que c'était un de ces ecclésiastiques qui parcouraient le pays pour vendre des reliques, des chapelets et des agnus, et qui n'obtenaient le respect, en général, que des classes inférieures, qu'on les accusait souvent de tromper, en abusant de leur superstition.

Le costume de cet homme annonçait moins un frère mendiant qu'un dévot laïque, ou pèlerin allant visiter les tombeaux des Saints. Il portait le chapeau, la cédule, le bourdon, et la dalmatique d'étoffe grossière, dont la forme ressemblait assez au manteau d'un hussard moderne, que prenaient alors ceux qui entreprenaient ces excursions religieuses. Les clefs de saint Pierre, grossièrement découpées en drap écarlate, étaient attachées derrière son manteau, placées en sautoir, en termes de blason. Il paraissait âgé au moins de cinquante ans, était bien fait, vigoureux pour son âge, et avait une physionomie qui, sans être repoussante, était loin d'offrir quelque chose qui prévînt en sa faveur. L'expression de ses yeux annonçait de l'astuce, et la vivacité de tous ses mouvemens faisait souvent contraste avec le caractère de sainteté grave qu'il prenait. Cette différence entre le costume et la physionomie se rencontrait assez souvent parmi les gens de sa profession, qu'un grand nombre embrassait plutôt pour satisfaire une habitude de vagabondage et de fainéantise que par vocation religieuse.

— Qui es-tu, brave homme? lui demanda Philipson; quel nom dois-je te donner, pendant que nous sommes compagnons de voyage?

— Barthélemi, Monsieur, répondit le guide, frère Barthélemi; je pourrais dire Bartholomæus, mais il ne convient pas à un pauvre frère lai comme moi d'aspirer à l'honneur d'un nom savant.

— Et quel est le but de ton voyage, frère Barthélemi?

— Le but de mon voyage sera celui du vôtre, Monsieur. J'irai partout où mes services comme guide pourront vous êtres utiles, supposant toujours que vous m'accorderez le loisir de m'acquitter de mes pratiques de dévotion aux saintes stations que nous trouverons chemin faisant.

— C'est-à-dire que ton voyage n'a ni but fixe, ni objet pressant.

— Aucun en particulier, comme vous le dites fort bien, Monsieur. Je ferais pourtant mieux de dire que

14

mon voyage embrasse tant d'objets, qu'il m'est indifférent de commencer par l'un ou par l'autre. J'ai fait vœu de passer quatre ans à voyager de lieu saint en lieu saint ; mais mon vœu ne m'oblige pas à les visiter dans un certain ordre et à tour de rôle.

— C'est-à-dire que ton vœu de pèlerinage ne t'empêche pas de te louer en qualité de guide aux voyageurs ?

— Si je puis unir la dévotion pour les bienheureux Saints dont je visite les reliques, à un service rendu à un de mes semblables qui est en voyage et qui a besoin d'un conducteur, je pense que ces deux objets peuvent parfaitement se concilier ensemble.

— Surtout parce qu'un peu de profit mondain tend à lier ensemble ces deux devoirs, quand même ils seraient incompatibles sans cela.

— C'est votre bon plaisir de parler ainsi, Monsieur ; mais vous pourriez vous-même, si vous le vouliez, tirer de ma compagnie quelque profit de plus que la connaissance que j'ai de la route que vous avez à faire. Je puis rendre votre voyage plus édifiant en vous apprenant les légendes des bienheureux Saints dont j'ai visité les reliques sacrées, et plus agréable en vous racontant les choses merveilleuses que j'ai vues et que j'ai apprises dans le cours de mes voyages ; je puis vous fournir l'occasion de vous munir d'un pardon de Sa Sainteté pour toutes vos fautes passées, et même d'une indulgence pour vos erreurs futures (1).

(1) On doit regretter de voir sir Walter Scott tomber dans une

— Tout cela est certainement fort utile, frère Barthélemi ; mais quand je désire parler d'un pareil sujet,
je m'adresse à mon confesseur, à qui je confie régulièrement et exclusivement le soin de ma conscience, et
qui par conséquent doit connaître mes dispositions,
et être en état de me prescrire tout ce qui peut être
convenable.

— Je me flatte pourtant que vous avez trop de religion et que vous êtes trop bon catholique pour passer
près d'une sainte station sans chercher à obtenir votre
part des bienfaits qu'elle répand sur tous ceux qui
sont disposés à les mériter ; d'autant plus que tous les
hommes, quelles que soient leur qualité et leur profession, ont du respect pour le Saint qui est le patron
spécial de leur métier. J'espère donc que, vous qui
êtes un marchand, vous ne passerez pas près de la
chapelle de Notre-Dame du Bac sans y faire quelques
oraisons convenables.

— Je n'ai jamais entendu parler de la chapelle que
vous me recommandez, frère Barthélemi ; et, comme
mon affaire est pressante, il vaudra mieux que j'y fasse
un pèlerinage tout exprès dans un moment plus opportun, au lieu de retarder mon voyage en ce moment.

erreur commune à un grand nombre de protestans. Les *indulgences*
accordées par le Chef de l'Église catholique n'ont jamais eu pour
objet la rémission des fautes futures, et, quant aux fautes passées,
elles ont toujours eu besoin de repentir. Ce sont cependant ces
singulières préventions anglicanes qui ont contribué à prolonger
jusqu'à nos jours l'ilotisme de l'Irlande. — ÉD.

C'est ce que je ne manquerai pas de faire, s'il plaît à
Dieu, de sorte qu'on peut m'excuser si je diffère cette
marque de respect jusqu'à ce que je puisse m'en acquitter plus à loisir.

— Je vous prie de ne pas vous fâcher, Monsieur, si je
vous dis que votre conduite en cela ressemble à celle
d'un fou, qui, trouvant un trésor sur le bord de la
route, ne le ramasse pas pour l'emporter avec lui ; mais
se promet de revenir un autre jour et de bien loin, tout
exprès pour le chercher.

Philipson, un peu surpris de l'opiniâtreté de cet
homme, allait lui répondre avec vivacité et humeur ;
mais il en fut empêché par l'arrivée de trois personnes
qui venaient derrière eux, et qui les joignirent en ce
moment.

La première était une jeune femme, mise fort élé-
gamment, et montant un genet d'Espagne qu'elle conduisait avec autant de grace que de dextérité. Elle avait
la main droite couverte d'un gant semblable à ceux
dont on se servait pour porter un faucon, et un émérillon était perché sur son poing. Sa tête était couverte
d'une toque de chasse, et, comme c'était souvent l'usage
à cette époque, elle portait une espèce de masque en
soie noire qui lui cachait tout le visage. Malgré co déguisement, le cœur d'Arthur battit vivement quand il
la vit paraître, car il fut certain, dès le premier moment, qu'il reconnaissait en elle la forme incomparable
de la belle Helvétienne. Elle était suivie de deux personnes qui paraissaient être à son service, une femme,

et un fauconnier avec son bâton de chasse. Philipson,
dont les souvenirs en cette occasion n'étaient pas aussi
exacts que ceux de son fils, ne vit en cette belle étrangère qu'une dame ou une demoiselle de distinction qui
prenait le plaisir de la chasse ; et, comme elle lui fit
une légère inclination de tête en passant, il la salua à
son tour, et lui demanda avec politesse, comme la circonstance l'exigeait, si elle avait fait une bonne chasse
ce matin.

— Pas trop bonne, répondit la dame ; je n'ose donner
le vol à mon émérillon si près de ce grand fleuve, de
peur qu'il ne s'envole de l'autre côté, ce qui m'expo-
serait à le perdre : mais j'espère que j'aurai meilleure
fortune quand nous aurons passé le bac, dont nous ne
sommes pas bien loin.

— En ce cas, dit Barthélemi, Votre Seigneurie en-
tendra la messe dans la chapelle de Hans, et priera le
ciel de lui accorder une bonne chasse.

— Je ne serais pas chrétienne si je passais si près de
ce saint lieu sans m'acquitter de ce devoir.

— C'est précisément ce que je disais, noble dame ;
car il est bon que vous sachiez que je fais de vains efforts pour convaincre ce digne voyageur que le succès
de son entreprise dépend entièrement de la bénédiction
qu'il obtiendra de Notre-Dame du Bac.

— Ce brave homme, dit la jeune dame d'un ton sérieux et même sévère, ne connaît donc guère le Rhin ?
Je vais lui faire sentir combien il est important qu'il
suive votre avis.

14.

Elle s'approcha d'Arthur, et lui adressa la parole en suisse, car elle avait jusqu'alors parlé allemand.

—Ne montrez pas de surprise, mais écoutez-moi, lui dit-elle; et cette voix était bien celle d'Anne de Geierstein; ne soyez pas surpris, vous dis-je, ou, si vous l'êtes, que personne ne s'en aperçoive. Vous êtes entouré de dangers, on connaît vos affaires sur cette route, et un complot a été formé contre votre vie. Traversez le fleuve au bac de la Chapelle, au bac de Hans, comme on l'appelle ordinairement.

Le guide était alors si près d'eux, qu'il lui fut impossible d'en dire davantage sans être entendue. En ce moment un coq de bruyère partit de quelques broussailles, et la jeune dame donna le vol à son émérillon.

Le fauconnier, pour animer l'oiseau, poussa des cris qui firent retentir tous les environs, et il courut au galop pour suivre le gibier. Philipson et le guide ne songèrent plus qu'à suivre des yeux l'oiseau et sa proie, tant ce genre de chasse avait d'attraits pour les hommes de toute condition; mais le son de la voix d'Anne était un appât qui aurait détourné l'attention d'Arthur d'objets bien plus intéressans.

—Traversez le Rhin, lui répéta-t-elle, au bac qui conduit à Kirch Hoff, de l'autre côté du fleuve; prenez votre logement à la Toison-d'Or, et vous y trouverez un guide pour vous conduire à Strasbourg. Je ne puis rester plus long-temps.

A ces mots, elle se redressa sur sa selle, frappa légèrement avec les rênes le cou de son coursier, qui, déjà

impatient d'un si court délài, partit au grand galop,
comme s'il avait voulu disputer de vitesse à l'émérillon
et à sa proie. La dame, la suivante et le fauconnier
avaient déjà disparu aux yeux de nos voyageurs.

Ils restèrent en silence quelques minutes, temps
qu'Arthur employa à réfléchir de quelle manière il communiquerait à son père l'avis qu'il venait de recevoir,
sans éveiller les soupçons de leur guide; mais Philipson rompit lui-même le silence, en disant à celui-ci:
— Remettez-vous en marche, s'il vous plaît, et tenez-
vous à quelques pas en avant; je désire parler en particulier à mon fils.

Le guide obéit, et, comme pour montrer qu'il avait
l'esprit trop profondément occupé des choses célestes
pour donner une seule pensée aux affaires de ce monde
sublunaire, il entonna une hymne en l'honneur de saint
Weudelin le berger, d'une voix si discordante, qu'il
fit partir jusqu'au dernier oiseau de chaque buisson
près duquel ils passaient. Jamais on n'entendit une
mélopée sacrée ou profane aussi triste que celle qui
permit à Philipson d'avoir avec son fils la conversation suivante:

— Arthur, lui dit-il, je suis convaincu que ce brail-
lard, ce vagabond hypocrite, a quelque projet contre
nous; et je suis porté à croire que le meilleur moyen de
déjouer ses desseins, est de consulter mon opinion et
non la sienne, tant sur les lieux où nous devons faire
halte, que sur la route que nous devons suivre.

— Votre jugement est aussi sûr que de coutume,

mon père. Je suis persuadé que cet homme est un
traître; et, ce qui me le fait croire, c'est que cette jeune
dame vient de me dire tout bas qu'elle nous conseillait
de prendre la route de Strasbourg par la rive droite du
Rhin, en traversant ce fleuve à un endroit nommé
Kirch-Hoff, situé de l'autre côté.

— Est-ce aussi votre avis, Arthur ?

— Je répondrais sur ma vie de la bonne foi de cette
jeune dame.

— Quoi! parce qu'elle se tient bien sur son palefroi,
et qu'elle a la taille bien faite? C'est le raisonnement
d'un jeune homme; et pourtant mon vieux cœur, avec
toute sa circonspection, est fortement tenté d'avoir confiance en elle. Si notre secret est connu en ce pays, il
y a, sans contredit, bien des gens qui peuvent être disposés à croire qu'ils ont intérêt à m'empêcher d'approcher du duc de Bourgogne, et à employer à cet effet les
moyens les plus violens : et vous savez parfaitement que
je sacrifierais ma vie sans regret pour pouvoir m'acquitter de ma mission. Je vous dirai donc, Arthur, que
je me reproche d'avoir pris jusqu'ici trop peu de soin
pour m'assurer les moyens de la remplir, par suite du
désir bien naturel que j'avais de vous conserver près de
moi. Nous avons à choisir entre deux chemins pour
nous rendre à la cour du Duc, et tous deux sont dangereux et incertains. Nous pouvons suivre ce guide, en
comptant sur sa fidélité douteuse, ou passer sur l'autre
rive du Rhin, et traverser de nouveau ce fleuve à Strasbourg. Il y a peut-être autant de danger d'un côté que

de l'autre ; mais je sens qu'il est de mon devoir de diminuer le risque que je cours de ne pouvoir exécuter
ma mission, en vous faisant passer sur la rive droite,
tandis que je continuerai mon voyage sur la gauche. Par
ce moyen, s'il arrive quelque accident à l'un de nous,
l'autre pourra y échapper et s'acquitter de la mission
importante dont nous sommes chargés.

— Hélas! mon père, comment m'est-il possible de
vous obéir, quand je ne puis le faire qu'en vous laissant
seul, exposé à tant de dangers, et ayant à lutter contre
tant de difficultés, dans lesquelles j'aurais du moins la
bonne volonté de vous aider, quelque faible que pût
être mon secours? Quelque péril qui puisse nous menacer dans ces circonstances délicates et dangereuses,
ayons du moins la consolation de les braver ensemble.

— Arthur, mon cher fils, me séparer de toi, c'est
me briser le cœur ; mais le même devoir qui nous ordonne de nous exposer à la mort, nous enjoint aussi im-
périeusement de ne pas céder à notre tendre affection...
Il faut que nous nous séparions.

— En ce cas, s'écria vivement son fils, accordez-moi
du moins une chose : ce sera vous qui traverserez le
Rhin, et vous me laisserez continuer mon voyage par la
route que nous avions d'abord dessein de suivre ensemble!

— Et pourquoi, s'il vous plaît, prendrais-je le chemin que vous me proposez de préférence à l'autre ?

— Parce que je garantirais sur ma vie la bonne foi
de cette jeune dame, s'écria Arthur avec chaleur.

— Encore, jeune homme! Et pourquoi tant de confiance dans la bonne foi d'une jeune fille? Est-ce uniquement cette confiance que la jeunesse accorde à ce qui lui paraît beau et agréable, ou la connaissiez-vous déjà mieux que ne peut le permettre la courte conversation que vous avez eue avec elle?

— Que puis-je vous répondre, mon père? Il y a long-temps que nous ne voyons plus la société des chevaliers et des dames; n'est-il donc pas naturel que nous accordions à tout ce qui nous rappelle les liens honorables de la chevalerie et d'un sang noble, cette confiance d'instinct que nous refusons à des misérables comme ce charlatan vagabond, qui gagne sa vie en vendant de fausses reliques et des légendes absurdes aux pauvres paysans dont il parcourt les villages?

—Une pareille idée, Arthur, pourrait convenir à un aspirant aux honneurs de la chevalerie, qui puise dans les ballades des ménestrels tout ce qu'il se figure de la vie et des événemens dont elle se compose; mais elle est trop visionnaire pour un jeune homme qui a vu, comme vous, comment se conduisent les affaires de ce monde. Je vous dis, et vous apprendrez à reconnaître que c'est la vérité, qu'autour de la table frugale de notre hôte le Landamman il se trouvait plus de langues sincères, plus de cœurs fidèles, que la cour plénière d'un monarque ne pourrait se vanter d'en offrir. Hélas! l'esprit mâle de la bonne foi et de l'honneur a disparu du cœur des chevaliers et même des rois, où, comme le disait Jean, roi de France, il devrait continuer à résider constamment, quand même il aurait été banni de tout le reste de la terre.

— Quoi qu'il en soit, mon père, accordez-moi cette grace, je vous en supplie : s'il faut que nous nous séparions, suivez la rive droite du Rhin ; je suis convaincu que c'est la route la plus sûre.

— Et si c'est la plus sûre, lui dit son père avec un ton de tendre reproche, est-ce une raison pour que je cherche à mettre en sûreté une vie presque épuisée, et que j'expose au danger la tienne, dont le cours commence à peine ? Non, mon fils, non.

— Mais, mon père, s'écria Arthur d'une voix animée, en parlant ainsi vous oubliez combien votre vie est plus importante que la mienne pour l'exécution du projet que vous avez conçu depuis si long-temps, et qui est maintenant sur le point d'être accompli. Songez que je ne pourrai m'acquitter de notre mission que très-imparfaitement, puisque je ne connais pas le Duc, et que je n'ai pas de lettre de créance pour obtenir sa confiance. Je pourrais, à la vérité, lui dire les mêmes choses que vous, mais je n'aurais rien de ce qu'il me faudrait pour avoir droit à être cru ; et, par conséquent, vos projets, au succès desquels vous avez consacré votre vie, pour lesquels vous êtes disposé en ce moment à braver la mort, ne pourraient qu'échouer entre mes mains.

— Mon fils, vous ne pouvez ébranler ma résolution ni me persuader que ma vie est plus importante que la vôtre : vous me rappelez seulement que c'est entre vos mains, et non dans les miennes, que doit être placé le

collier qui est la preuve de ma mission. Si vous réussis-
sez à arriver à la cour ou au camp du duc de Bourgogne,
la possession de ce joyau vous sera indispensable pour
y obtenir crédit. Moi, j'en ai moins besoin que vous,
parce que je puis citer d'autres circonstances qui feront
ajouter foi à mes paroles, s'il plaisait au ciel de me
laisser seul pour m'acquitter de cette importante mission, ce dont Notre-Dame, dans sa merci, daigne me
préserver! Songez donc bien que, s'il se trouve une
occasion dont vous puissiez profiter pour passer sur
l'autre rive du Rhin, vous devrez diriger votre marche
de manière à repasser ce fleuve à Strasbourg. Vous y
demanderez de mes nouvelles au Cerf-Ailé, auberge de
cette ville qu'il vous sera facile de trouver; et, si vous
n'en pouvez obtenir, vous vous rendrez sur-le-champ
en présence du Duc, et vous lui remettrez ce petit
paquet.

En finissant ces mots, il glissa entre les mains de son
fils, avec les plus grandes précautions, pour que le
guide n'en vît rien, la petite boîte contenant le collier
de brillans.

— Vous savez parfaitement ce que votre devoir vous
ordonne de faire ensuite, continua Philipson; seulement, et je vous en conjure, que le désir d'apprendre
ce que je suis devenu ne retarde pas un seul instant
l'accomplissement de ce devoir. En attendant, préparez-
vous à me faire des adieux soudains avec autant de résolution et de confiance que lorsque vous marchiez devant
moi sur les rochers et au milieu des orages de la Suisse.

Le ciel nous protège aujourd'hui comme il nous protégeait alors. Adieu, mon cher Arthur. Si j'attendais le moment de la séparation, j'aurais à peine le temps de prononcer ce mot fatal, et tes yeux seuls doivent voir la larme que j'essuie.

Le sentiment pénible dont étaient accompagnés ces adieux anticipés, était sincère et profond des deux côtés. Arthur ne songea même pas, dans le premier moment, à puiser une consolation dans l'idée qu'il était vraisemblable qu'il se trouverait sous la conduite de cette femme singulière, dont le souvenir ne le quittait jamais. Il était vrai que la beauté d'Anne de Geierstein, et la manière étrange dont elle venait encore de paraitre à ses yeux, avaient été ce matin même la principale occupation de son esprit; mais une nouvelle idée excluait alors toutes les autres, celle qu'il allait se séparer, dans un moment de danger, d'un père qui méritait si bien toute son estime et sa plus tendre affection.

Cependant ce père essuya la larme que son dévouement stoïque n'avait pu arrêter dans ses yeux; et comme s'il eût craint d'affaiblir sa résolution en s'abandonnant à la tendresse paternelle, il appela le pieux Barthélemi, et lui demanda s'ils étaient encore bien loin de la chapelle de Hanz.

— A environ un mille, répondit le guide.

L'Anglais lui demanda ensuite ce qui avait donné lieu à l'érection de cette chapelle, et Barthélemi lui apprit qu'un vieux batelier, pêcheur en même temps, nommé Hanz, avait demeuré long-temps en cet endroit,

15

où il se procurait des moyens de subsistance précaire, en faisant passer les marchands et les voyageurs d'une rive du fleuve à l'autre. Le malheur qu'il eut de perdre successivement deux bateaux qui furent submergés dans les eaux profondes et rapides du Rhin, et la crainte qu'inspirèrent aux voyageurs ces accidens répétés, commencèrent pourtant à diminuer considérablement les profits de sa profession. Ce vieillard, étant bon catholique, tourna, dans sa détresse, toutes ses pensées vers la religion. Il jeta un regard en arrière sur sa vie passée, et chercha par quel crime il avait mérité les infortunes qui obscurcissaient le soir de ses jours. Ses remords furent principalement excités par le souvenir qu'en une certaine occasion, un jour que l'eau du fleuve était particulièrement agitée par un orage, il avait refusé de s'acquitter de ses fonctions comme batelier, pour transporter sur l'autre rive un prêtre qui portait avec lui une image de la Sainte Vierge, destinée à la petite ville de Kirch-Hoff, sur l'autre rive du Rhin. Pour réparer cette faute, Hanz se soumit à une sévère pénitence, car il était porté à se regarder comme coupable d'avoir douté que la Vierge eût assez de pouvoir pour protéger son image, le prêtre, et le batelier qui lui aurait rendu service; le don qu'il fit à l'église de Kirch-Hoff d'une grande partie de ce qu'il possédait, prouva la sincérité de son repentir. Le vieillard ne se permit plus à l'avenir de mettre le moindre délai à transporter d'une rive à l'autre quiconque appartenait à la sainte Église; et tous les rangs du clergé, depuis le prélat portant la mitre, jusqu'au frère marchant nu-pieds, pouvaient réclamer ses services et ceux de sa barque la nuit comme le jour.

Tandis qu'il menait une vie si édifiante, Hanz trouva un jour, sur les bords du Rhin, une petite image de la Vierge que les eaux y avaient jetée, et qui lui parut exactement semblable à celle que portait le frère sacristain de Kirch-Hoff lorsqu'il avait eu l'audace de refuser de le passer sur l'autre rive. Il la plaça dans la partie la plus en vue de sa cabane, adressa devant elle ses prières à la Vierge avec dévotion, et la supplia de lui faire connaître, par quelque signe, s'il devait regarder l'arrivée de sa sainte image comme une preuve que ses péchés lui étaient pardonnés. Sa prière fut exaucée dans une vision nocturne. Notre-Dame, prenant la forme de l'image, parut au pied de son lit, et lui dit pourquoi elle y était venue.

— Mon fidèle serviteur, lui dit-elle, des hommes de Bélial ont brûlé ma demeure à Kirch-Hoff, pillé ma chapelle, et jeté dans les eaux du Rhin la sainte image qui me représente, et qui devait suivre le cours du fleuve. Or, j'ai résolu de ne pas demeurer plus longtemps dans le voisinage des auteurs impies d'un tel crime, et des lâches vassaux qui n'ont pas eu le courage de s'y opposer. Je suis donc obligée de changer d'habitation; et, en dépit du courant contraire, je me suis déterminée à aborder sur cette rive, et à fixer mon séjour chez toi, mon fidèle serviteur, afin d'accorder ma bénédiction au pays que tu habites, ainsi qu'à toi et à ta maison.

Tandis qu'elle parlait ainsi, elle semblait exprimer des tresses de ses cheveux l'eau dont elles étaient encore trempées; et ses vêtemens en désordre, son air fatigué, lui donnaient l'air d'une personne qui vient de lutter contre les vagues.

Le lendemain matin, on apprit que, par suite d'une de ces querelles féodales si fréquentes à cette époque, Kirch-Hoff avait été mis à feu et à sang, que l'église avait été incendiée, et que le trésor en avait été pillé.

La vérité de la vision du vieux pêcheur se trouvant prouvée d'une manière si remarquable, Hanz renonça entièrement à sa profession, et, laissant à des hommes plus jeunes que lui le soin de s'acquitter, en cet endroit, des fonctions de batelier, il fit de sa chaumière une chapelle rustique, prit les ordres, et la desservit en qualité d'ermite ou de chapelain. Le bruit se répandit bientôt que cette image de la Vierge opérait des miracles, et ce lieu devint renommé comme étant sous la protection de la sainte image de Notre-Dame du Bac, et sous celle de son bienheureux serviteur.

Barthélemi finissait à peine cette relation, quand nos voyageurs arrivèrent à l'endroit dont il était question.

CHAPITRE XVIII.

« Rhin , c'est sur ton heureux rivage
« Qu'on cultive ce fruit divin
« Dont le jus donne du courage.
« Vive à jamais, vive le Rhin.
Chanson à boire.

Deux ou trois chaumières sur le bord du fleuve près desquelles étaient amarrées quelques barques de pêcheurs, prouvaient que le pieux Hanz n'était pas resté sans successeurs dans sa profession de batelier. Le Rhin, qui un peu plus bas était resserré entre ses rives par une chaîne de petites îles, avait en cet endroit plus

15.

de largeur, et coulait moins rapidement qu'au-delà de ces chaumières, offrant ainsi aux bateliers une surface plus tranquille et moins de difficultés à surmonter, quoique le courant y fût encore trop impétueux pour qu'il fût possible de le remonter, à moins que le fleuve ne fût dans un état de tranquillité parfaite.

Sur la rive opposée, mais beaucoup plus bas que les cabanes dont nous venons de parler, s'élevait, sur une hauteur couverte d'arbres et de buissons, la petite ville de Kirch-Hoff. Un esquif partant de la rive gauche, même dans les momens les plus favorables, ne pouvait couper en ligne droite les eaux profondes et impétueuses du Rhin, et il n'arrivait à Kirch-Hoff qu'en décrivant une diagonale; d'une autre part, une barque partant de Kirch-Hoff avait besoin d'être favorisée par le vent et munie d'excellens rameurs pour pouvoir débarquer sa cargaison ou conduire ses passagers à la Chapelle du Bac, à moins qu'elle n'éprouvât l'influence miraculeuse qui avait porté de ce côté l'image de la Vierge. La communication de la rive orientale à la rive occidentale n'avait donc lieu qu'en faisant remonter les barques assez haut le long de la rive droite, pour que la déviation qu'elles feraient en traversant le fleuve leur permît d'atteindre avec facilité le point où elles désiraient arriver. Il en résultait naturellement que, le passage d'Alsace en Souabe étant le plus facile, le fleuve était plus souvent traversé en cet endroit par les voyageurs qui voulaient entrer en Allemagne que par ceux qui en arrivaient.

Lorsque Philipson, jetant un regard autour de lui, se fut assuré de la situation du passage, il dit à son fils d'un ton ferme :

— Partez, mon cher Arthur, et faites ce que je vous ai ordonné.

Le cœur déchiré d'inquiétudes causées par l'amour filial, le jeune homme obéit, et s'avança seul vers les chaumières près desquelles étaient amarrées les barques qui servaient tantôt à pêcher, tantôt à conduire des passagers sur l'autre rive.

— Est-ce que votre fils nous quitte ? demanda Barthélemi à Philipson.

— Il nous quitte pour le moment. Il a quelques renseignemens à demander aux habitans de ces chaumières.

— Si ces renseignemens ont rapport à votre route, je prends les saints à témoin que je suis plus en état de les donner que ces paysans ignorans qui entendront à peine la langue qu'il leur parlera.

— Si nous trouvons que leurs discours ont besoin d'interprète, répondit Philipson, nous aurons recours à votre aide. En attendant, conduisez-moi à la Chapelle, où mon fils viendra nous rejoindre.

Ils en prirent le chemin, mais à pas lents, chacun d'eux jetant à tout moment un regard à la dérobée vers les chaumières : le guide, comme pour voir si le jeune voyageur revenait vers eux; le père, impatient de découvrir une voile déployée sur le vaste sein du Rhin pour conduire son fils sur la rive qui pouvait être considérée

comme la plus sûre ; mais quoique leurs yeux se tour-
nassent souvent du côté du fleuve, leurs pieds les conduisaient vers la Chapelle, que les habitans des environs,
en mémoire du fondateur , appelaient la Chapelle de
Hanz.

Quelques arbres épars tout à l'entour donnaient à
ce site un air champêtre et non sans grace , et la Chapelle, qu'on voyait sur un monticule, à quelque distance des chaumières, était construite dans un style
simple, en harmonie avec le reste du paysage. Sa peti-
tesse confirmait la tradition qu'elle avait été dans l'origine la demeure d'un pêcheur ; et la croix, formée de
troncs de sapins couverts de leur écorce, indiquait sa
destination actuelle. La Chapelle et le site d'alentour
respiraient une tranquillité solennelle, et le bruit sourd
du grand fleuve semblait imposer silence aux voix hu-
maines qui auraient eu la présomption de mêler leurs
accens à ces imposans murmures.

Lorsque Philipson et son guide arrivèrent près de la
Chapelle, Barthélemi profita du silence que gardait le
marchand anglais pour entonner à haute voix quelques
stances en l'honneur de Notre Dame du Bac et de son
fidèle serviteur Hanz ; après quoi il s'écria avec enthou-
siasme : — Venez ici, vous qui craignez les naufrages,
voici le port qui vous mettra en sûreté ! Venez ici, vous
qui avez soif, voici un puits de merci qui vous est ouvert ? Venez ici, vous que de longs voyages ont fatigués,
voici le lieu où vous trouverez des rafraîchissemens !
Il aurait continué ses exclamations, si Philipson ne

lui eût imposé silence en l'interrompant brusquement.

— Si ta dévotion était véritable, lui dit-il, elle serait moins bruyante; mais il est juste de faire ce qui est bien en soi, même quand c'est un hypocrite qui nous y invite. Entrons dans cette sainte Chapelle, et prions le ciel de nous accorder une heureuse fin d'un voyage dangereux.

Le frère lai s'attacha à ces derniers mots.

— J'étais bien sûr, dit-il, que vous seriez trop sage pour passer si près de cette sainte chapelle sans implorer l'influence protectrice de Notre Dame du Bac. Attendez un instant, je vais chercher le prêtre chargé de la desservir, afin qu'il dise une messe pour vous.

Il n'en put dire davantage, car la porte de la Chapelle s'ouvrant tout à coup, un ecclésiastique se montra sur le seuil. Philipson reconnut à l'instant le prêtre de Saint-Paul, qu'il avait vu le matin même à la Férette. Il parut que Barthélemi le connaissait aussi, car son éloquence hypocrite lui manqua sur-le-champ, et il resta devant lui, les bras croisés sur sa poitrine, en homme qui attend sa sentence de condamnation.

— Misérable! dit le prêtre, regardant le guide d'un air sévère, oses-tu bien conduire un étranger dans les lieux saints, pour l'assassiner ensuite et t'emparer de ses dépouilles? Mais le ciel ne permettra pas cette trahison. Retire-toi, scélérat, et va dire aux mécréans tes confrères qui sont en chemin pour venir te joindre, que ta fourberie n'a servi à rien ; dis-leur que cet étranger innocent est sous MA protection,..... sous MA protection, te dis-je; et quiconque osera la violer en sera récompensé comme Archibald Von Hagenbach.

Le guide resta immobile pendant que le prêtre lui parlait d'un ton aussi impérieux que menaçant; et dès que celui-ci se tut, il n'essaya ni de se justifier, ni de lui répliquer; mais tournant sur ses talons, il s'enfuit à pas précipités par le même chemin qu'il avait pris pour conduire Philipson à la Chapelle.

— Et vous, digne Anglais, continua le prêtre, entrez avec confiance dans cette Chapelle, et prononcez-y en toute sûreté les prières par le moyen desquelles cet hypocrite voulait vous retenir ici jusqu'à l'arrivée de ses compagnons d'iniquité. Mais d'abord, pourquoi êtesvous seul? j'espère qu'il n'est arrivé aucun accident à votre jeune compagnon?

— Mon fils traverse probablement le Rhin en ce moment, répondit Philipson, attendu que nous avons des affaires importantes à régler sur l'autre rive.

Comme il parlait ainsi, on vit se détacher du rivage une barque légère, sur laquelle deux ou trois bateliers semblaient occupés depuis quelque temps. Elle fut d'abord obligée de céder à la force du courant, mais une voile ayant été déployée, elle suivit une ligne diagonale, en se dirigeant vers la rive opposée.

— Dieu soit loué! dit Philipson, qui savait que cette barque allait conduire son fils hors de l'atteinte des dangers dont il était lui-même entouré.

— *Amen!* répondit le prêtre à la pieuse exclamation du voyageur. Vous avez de fortes raisons pour rendre graces au ciel.

— C'est ce dont je suis convaincu, dit Philipson ; mais j'espère apprendre de vous quelle est la cause du danger auquel je viens d'échapper.

— Le temps et le lieu ne permettent pas une longue explication, répondit le prêtre de Saint-Paul. Il me suffira de vous dire que ce scélérat, connu par son hypocrisie comme par ses crimes, se trouvait présent à l'instant où le jeune Suisse Sigismond força l'exécuteur à vous remettre le joyau précieux dont Hagenbach vous avait dépouillé. Cette vue mit en jeu la cupidité de Barthélemi. Il se chargea de vous conduire à Strasbourg, dans l'intention criminelle de vous retenir en chemin jusqu'à ce qu'il eût été joint par un nombre suffisant de complices pour rendre inutile toute résistance. Mais ce projet coupable a été déjoué. Et maintenant, Monsieur, avant de vous abandonner à d'autres pensées mondaines, avant de vous livrer, soit à la crainte, soit à l'espoir, entrez dans la Chapelle, et rendons ensemble d'humbles actions de graces à l'Être tout-puissant qui vous a protégé, et à ceux qui ont intercédé près de lui en votre faveur.

Philipson entra dans la Chapelle avec le prêtre, se joignit à lui en prières, et remercia le ciel et la sainte patronne de ce lieu, d'avoir permis qu'il échappât à un tel danger.

Après s'être acquitté de ce devoir, il annonça l'intention qu'il avait de se remettre en voyage.

— Bien loin de vouloir vous retenir dans un endroit si dangereux, lui dit le prêtre, je vous accompagnerai moi-même une partie du chemin, car je me rends aussi en présence du duc de Bourgogne.

— Vous, mon père, vous! s'écria le marchand avec quelque surprise.

— Pourquoi en êtes-vous étonné? Est-il si étrange qu'un homme de mon ordre se rende à la cour d'un prince? Croyez-moi, on n'y en trouve qu'un trop grand nombre.

— Je ne parle pas eu égard à votre ordre, mais eu égard au rôle que vous avez joué pendant l'exécution du gouverneur de la Férette. Connaissez-vous assez peu l'impétueux duc de Bourgogne pour croire que vous puissiez braver son ressentiment avec plus de sûreté que vous ne tireriez la crinière d'un lion endormi?

— Je connais parfaitement son caractère; mais ce n'est pas pour excuser la mort d'Hagenbach que je me rends devant lui, c'est pour la défendre et la justifier. Le Duc peut rendre des sentences de mort contre ses serfs et ses vassaux au gré de son bon plaisir, mais ma vie est protégée par un talisman qui est à l'épreuve de tout son pouvoir. Mais permettez-moi de rétorquer votre argument; vous connaissez le Duc aussi bien que moi; vous avez été tout récemment l'hôte et le compagnon de voyage de gens dont la visite lui sera souverainement désagréable; vous êtes impliqué, du moins en apparence, dans ce qui vient de se passer à la Férette; quelle chance avez-vous d'échapper à sa vengeance? Pourquoi vous livrez-vous volontairement en son pouvoir?

— Permettez, mon digne père, que chacun de nous garde son secret sans offenser l'autre. Il est bien vrai que je n'ai aucun talisman qui puisse me mettre à l'abri du ressentiment du Duc. J'ai des membres qu'on peut soumettre à la torture et à l'emprisonnement, des propriétés qu'on peut saisir et confisquer. Mais j'ai eu autrefois plusieurs affaires avec le Duc; je puis même dire qu'il m'a quelques obligations, et j'espère que mon crédit près de lui pourra suffire non-seulement pour tout ce qui me concerne, mais même pour être de quelque utilité à mon ami le Landamman.

— Mais si vous êtes réellement un marchand vous rendant à la cour de Bourgogne, quelles sont les marchandises dont vous faites commerce? N'en avez-vous pas d'autres que celles que vous pouvez porter sur vous? J'ai entendu parler d'un mulet chargé de votre bagage. Ce scélérat vous l'aurait-il volé?

Cette question était embarrassante pour Philipson, qui, au moment de se séparer de son fils, et en proie aux inquiétudes causées par cette séparation, n'avait pas songé à dire à Arthur s'il devait lui laisser le bagage ou le transporter avec lui de l'autre côté du Rhin. Il répondit en hésitant: Je crois que mon bagage est dans quelqu'une de ces chaumières; c'est-à dire, à moins que mon fils ne l'ait emporté sur l'autre rive du Rhin.

— C'est ce que nous saurons bientôt, dit le prêtre.

Il appela quelqu'un; à sa voix un novice sortit de la sacristie de la Chapelle, et reçut ordre d'aller s'informer si les balles et le mulet de Philipson étaient restés dans une des chaumières, ou si son fils les avait fait passer de l'autre côté du Rhin.

Le novice ne fut absent que quelques minutes, et revint avec le mulet chargé des bagages; car Arthur, ne voulant pas que son père manquât d'aucune chose qui pourrait lui être nécessaire, avait laissé le tout sur la rive gauche. Le prêtre regarda Philipson avec attention, tandis que celui-ci, montant à cheval, et prenant d'une main les rênes du mulet, lui faisait ses adieux en ces termes:

— Et à présent, mon père, je vais prendre congé de vous; il faut que je fasse diligence, car il ne serait pas prudent de voyager de nuit avec mes balles; sans quoi j'aurais bien volontiers ralenti le pas, avec votre permission, pour avoir le plaisir de votre compagnie.

— Si telle est votre intention obligeante, comme j'allais vous le proposer, répondit le prêtre, je ne retarderai nullement votre marche, car j'ai ici un fort bon cheval; et Melchior, qui sans cela aurait dû aller à pied, pourra monter votre mulet. Comme il serait dangereux pour vous de voyager pendant la nuit, je vous fais cette proposition d'autant plus volontiers, que je puis vous conduire à une auberge qui n'est qu'à cinq milles d'ici, et où nous pouvons encore arriver de jour. Vous y serez logé en sûreté, moyennant un écot raisonnable.

Le marchand anglais hésita un moment. Il n'avait nulle envie d'avoir un nouveau compagnon de voyage; et, quoique les traits du prêtre fussent encore beaux pour son âge, le caractère général de sa physionomie

n'avait rien qui inspirât la confiance ; au contraire, son
front, armé de hauteur, était couvert d'un nuage sombre et mystérieux, et l'expression semblable de ses yeux
gris pleins de froideur indiquait une humeur sévère et
même dure. Mais, malgré ces apparences repoussantes,
ce prêtre venait de rendre un grand service à Philipson,
en découvrant la trahison de son guide, et le marchand
n'était pas homme à se laisser influencer par des préventions imaginaires fondées sur l'air et les manières
d'un autre. Il réfléchit seulement à l'étrange singularité
de son destin, qui, en l'obligeant de paraître devant
le duc de Bourgogne de la manière la plus propre à se
concilier les bonnes graces de ce prince, semblait le
réduire à se transporter à sa cour en compagnie de
gens qui devaient en être vus de mauvais œil; car il ne
pouvait douter que le prêtre de Saint-Paul ne se trouvât
dans ce cas. Cependant, après un instant de réflexion,
il accepta poliment l'offre que lui avait faite le prêtre
de le conduire à une auberge, car il sentait que son
cheval aurait besoin de nourriture et de repos avant
d'arriver à Strasbourg, quand même il aurait pu s'en
passer lui-même.

Tout étant ainsi arrangé, le novice amena le coursier
du prêtre, que celui-ci monta avec autant de grace que
d'agilité; et le néophyte, qui était probablement celui
dont Arthur avait joué le rôle pour s'échapper de la
Férette, monta, d'après l'ordre de son maître, sur le
mulet de l'Anglais. Faisant un signe de croix, et bais-
sant humblement la tête lorsque le prêtre passa devant

lui, il se tint constamment à quelques pas en arrière, et sembla passer le temps, comme le faux frère Barthélemi, à dire son chapelet avec une ferveur de piété qui était peut-être plus affectée que réelle. A en juger par le regard qu'il jeta sur le novice, le prêtre de Saint-Paul paraissait faire peu de cas de la dévotion apparente de ce jeune homme. Il montait un vigoureux cheval noir, ressemblant plutôt au coursier de bataille d'un guerrier qu'au palefroi marchant à l'amble d'un ecclésiastique, et la manière dont il le conduisait ne montrait ni gaucherie ni timidité. Sa fierté, quel qu'en fût le caractère, n'était certainement pas entièrement fondée sur sa profession; elle prenait sa source dans un autre genre d'orgueil qui se mêlait au sentiment intime de l'importance que s'attribue un ecclésiastique puissant.

Philipson regardait de temps en temps son compagnon comme s'il eût voulu lire dans son ame; celui-ci ne répondit à ses regards que par un sourire hautain, qui semblait dire : — Vous pouvez examiner mon extérieur et mes traits, mais vous ne pouvez percer le mystère qui me couvre.

Les yeux de Philipson, qui ne s'étaient jamais baissés devant personne, semblaient lui répliquer avec la même hauteur : — Tu ne sauras pas non plus, prêtre orgueilleux, que tu es avec un homme dont le secret est bien plus important que le tien.

Enfin le prêtre entama la conversation en faisant allusion à l'espèce de réserve qui régnait entre eux comme d'un consentement mutuel.

— Nous voyageons, dit-il, comme deux puissans enchanteurs, chacun connaissant ses grands desseins secrets, chacun porté sur son char de nuages, et ni l'un ni l'autre ne faisant part à son compagnon du motif et du but de son voyage.

— Vous me pardonnerez, mon père, répondit Philipson. Je ne vous ai pas demandé le but de votre voyage, mais je ne vous ai pas caché le but du mien, en tant qu'il peut nous intéresser; je vous répète que je me rends en présence du duc de Bourgogne, et que mon motif, comme celui de tout autre marchand, est le désir de disposer avantageusement de mes marchandises.

— Rien ne paraît, sans contredit, plus probable, dit le prêtre, d'après l'extrême attention que vous faisiez à vos marchandises il n'y a pas plus d'une demi-heure. Vous ne saviez même pas si votre fils les avait prises avec lui, ou s'il vous en avait laissé le soin. Les marchands anglais font-ils ordinairement le commerce avec autant d'indifférence?

— Quand leur vie est en danger, répondit Philipson, il leur arrive quelquefois de négliger leur fortune.

— C'est bien! répliqua le prêtre. Et il retomba dans ses réflexions solitaires.

Une demi-heure après, ils arrivèrent à un *dorf* ou village, et le prêtre informa Philipson que c'était celui où il se proposait de passer la nuit.

— Le novice, ajouta-t-il, vous conduira à l'auberge; elle jouit d'une bonne réputation, et vous pouvez y loger en toute sûreté. Quant à moi, j'ai à visiter en ce village un pénitent qui a besoin de secours spirituels. Je vous reverrai peut-être ce soir ; peut-être ne sera-ce que demain matin. Dans tous les cas, adieu quant à présent.

En achevant ces mots, le prêtre arrêta son cheval. Le novice approcha de Philipson, lui servit de conducteur dans la rue étroite du village, une lumière qui brillait çà et là à une croisée annonçant que l'heure des ténèbres était arrivée. Enfin il fit passer l'Anglais sous une porte cintrée qui les conduisit dans une grande cour où ils virent une couple de chariots, d'une forme particulière, à l'usage des femmes, et quelques autres voitures de voyage. Là le novice sauta à bas du mulet, en remit les rênes dans la main de Philipson, et disparut dans l'obscurité, qui augmentait à chaque instant, après lui avoir montré un grand bâtiment en mauvais état, et dont la façade n'était éclairée par aucune lumière, quoiqu'on pût encore voir qu'elle était percée d'un grand nombre de croisées fort étroites.

FIN DU TOME SECOND DE CHARLES LE TÉMÉRAIRE.

.

www.ingramcontent.com/pod-product-compliance
Lightning Source LLC
Chambersburg PA
CBHW060130100426
42744CB00007B/743